Angelika C. Wagner
Renate Kosuch
Telse Iwers

Introvision

**Problemen gelassen ins
Auge schauen**

Eine Einführung

2., überarbeitete Auflage

Verlag W. Kohlhammer

Dieses Werk einschließlich aller seiner Teile ist urheberrechtlich geschützt. Jede Verwendung außerhalb der engen Grenzen des Urheberrechts ist ohne Zustimmung des Verlags unzulässig und strafbar. Das gilt insbesondere für Vervielfältigungen, Übersetzungen und für die Einspeicherung und Verarbeitung in elektronischen Systemen.

Pharmakologische Daten verändern sich ständig. Verlag und Autoren tragen dafür Sorge, dass alle gemachten Angaben dem derzeitigen Wissensstand entsprechen. Eine Haftung hierfür kann jedoch nicht übernommen werden. Es empfiehlt sich, die Angaben anhand des Beipackzettels und der entsprechenden Fachinformationen zu überprüfen. Aufgrund der Auswahl häufig angewendeter Arzneimittel besteht kein Anspruch auf Vollständigkeit.

Die Wiedergabe von Warenbezeichnungen, Handelsnamen und sonstigen Kennzeichen berechtigt nicht zu der Annahme, dass diese frei benutzt werden dürfen. Vielmehr kann es sich auch dann um eingetragene Warenzeichen oder sonstige geschützte Kennzeichen handeln, wenn sie nicht eigens als solche gekennzeichnet sind.

Es konnten nicht alle Rechtsinhaber von Abbildungen ermittelt werden. Sollte dem Verlag gegenüber der Nachweis der Rechtsinhaberschaft geführt werden, wird das branchenübliche Honorar nachträglich gezahlt.

Dieses Werk enthält Hinweise/Links zu externen Websites Dritter, auf deren Inhalt der Verlag keinen Einfluss hat und die der Haftung der jeweiligen Seitenanbieter oder -betreiber unterliegen. Zum Zeitpunkt der Verlinkung wurden die externen Websites auf mögliche Rechtsverstöße überprüft und dabei keine Rechtsverletzung festgestellt. Ohne konkrete Hinweise auf eine solche Rechtsverletzung ist eine permanente inhaltliche Kontrolle der verlinkten Seiten nicht zumutbar. Sollten jedoch Rechtsverletzungen bekannt werden, werden die betroffenen externen Links soweit möglich unverzüglich entfernt.

2., überarbeitete Auflage 2020

Alle Rechte vorbehalten
© W. Kohlhammer GmbH, Stuttgart
Gesamtherstellung: W. Kohlhammer GmbH, Stuttgart

Print:
ISBN 978-3-17-037910-7

E-Book-Formate:
pdf: ISBN 978-3-17-037911-4
epub: ISBN 978-3-17-037912-1
mobi: ISBN 978-3-17-037913-8

Abkürzungsverzeichnis

B	Beraterin, Berater
EPiS	Epistemisches Informationsverarbeitungssystem
ITA	Imperativtheoretisches Textanalyseverfahren
K	Klientin, Klient
KAW	Konstatierendes Aufmerksames Wahrnehmen
KUS	Konfliktumgehungsstrategie(n)
NLD	Nachträgliches Lautes Denken
PT	Psychotonus bzw. Psychotonusstufe
TMI	Theorie der Mentalen Introferenz

Inhalt

Abkürzungsverzeichnis   5

Vorwort   13

Zur 2. Auflage   15
Danksagung   17
Lesehinweise   18

1   **Problemen gelassen ins Auge schauen: Worum es in diesem Buch geht**   21

1.1   Was Gelassenheit bedeutet: Die Psychotonusskala (PT-Skala)   22
1.2   Wie Gelassenheit entsteht: Lernen mit etwas aufzuhören   33
1.3   Die Geschichte dahinter: Wie Introvision entwickelt wurde   37
1.3.1   Das Langzeitforschungsprogramm zur »Entstehung und Auflösung innerer Konflikte«   38
1.3.2   »Ist das nicht dasselbe wie ...?« Über Gemeinsamkeiten und Unterschiede zwischen der Introvision und anderen Verfahren der mentalen Selbstregulation   46
1.4   Zusammenfassung   50

2	**Was es ist, das im Zustand der Gelassenheit unterlassen wird: Die Theorie der mentalen Introferenz**	**52**
2.1	Eine kurze Übersicht über Theorien der Entstehung von Gelassenheit	53
2.2	Eine kurze Übersicht über die Theorie der mentalen Introferenz	56
2.3	Das erste introferente Eingreifen an einer bestimmten Stelle: Der Wanderer – ein Gedankenexperiment	61
2.4	Die Theorie der mentalen Introferenz (TMI) – eine Übersicht	66
2.5	Wie die Wellen größer werden: Automatisierung und wiederholtes Eingreifen	72
2.6	Das »Auge des Wirbelsturms« und wie der Wirbelsturm sich wieder beruhigt: das KAW als die Grundlage der Introvision	75
2.7	Zusammenfassung	77
3	**»Gelassen schauen«: Das Konstatierende Aufmerksame Wahrnehmen**	**79**
3.1	Konstatierendes Aufmerksames Wahrnehmen lernen	82
3.2	Das KAW-Übungsprogramm	90
3.2.1	Erster Schritt: Aufmerksam konstatierend, offen und konstant wahrnehmen, was ist (KAW-Übung 1)	91
3.2.2	Zweiter Schritt: Weitstellen (KAW-Übung 2)	94
3.2.3	Dritter Schritt: Weitgestellt mit konstantem Fokus (KAW-Übung 3)	98

3.2.4	Vierter Schritt: KAW auf das Zentrum des Angenehmen und das Zentrum des Unangenehmen (KAW-Übung 4)	101
3.2.5	Allgemeine Hinweise zum Üben	103
3.3	KAW für Fortgeschrittene	105
3.4	Wie sich Konstatierendes Aufmerksames Wahrnehmen auswirkt	110
3.5	Zusammenfassung	111

4 »Das Auge des Problems«: Den Kern des Konflikts finden — 113

4.1	Muss/Darf-Nicht-Selbstalarm: Subjektive Imperative	114
4.2	Den Konflikt gezielt aktivieren: Das Nachträgliche Laute Denken	127
4.3	Dabeibleiben: Konfliktumgehungsstrategien erkennen	128
4.4	Den Kern finden: Imperativketten zurückverfolgen	133
4.5	Zusammenfassung	139

5 »Problemen gelassen ins Auge schauen«: Die Durchführung der Introvision zur Auflösung innerer Konflikte — 141

5.1	Einfach, aber nicht immer leicht: das Vorgehen bei der Introvision in der Übersicht	146
5.2	Erläuterungen zu einzelnen Phasen der Introvision anhand von weiteren Praxisbeispielen	157
5.3	Die Auswirkungen der Introvision	171

Inhalt

5.3.1	»Wenn die Windböe plötzlich aufhört«: Die rasche Auflösung eines Konflikts	171
5.3.2	Die Auflösung eines Konflikts dauert länger an	173
5.4	Merkmale einer erfolgreichen Konfliktauflösung	177
5.5	Zusammenfassung	178

6   Zusammenfassung   180

Anhang: Das Gelassenheitsbarometer von Renate Kosuch   185

Anmerkungen zu den einzelnen Kapiteln   192

Vorwort   192
1   Problemen gelassen ins Auge schauen: Worum es in diesem Buch geht   193
2   Was es ist, das im Zustand der Gelassenheit unterlassen wird: Die Theorie der mentalen Introferenz   195
3   »Gelassen schauen«: Das Konstatierende Aufmerksame Wahrnehmen   197
4   »Das Auge des Problems«: Den Kern des Konflikts finden   198
5   »Problemen gelassen ins Auge schauen«: Die Durchführung der Introvision zur Auflösung innerer Konflikte   199
Anhang: Das Gelassenheitsbarometer von Renate Kosuch   200

Literatur **201**

Literaturverzeichnis 201
Literatur zum Weiterlesen 206

Stichwortverzeichnis **209**

Vorwort

Gelassen auf Konflikte zu schauen, auch wenn die Wogen hoch gehen – sie sogar langfristig aufzulösen – das ist möglich mit Introvision. Um diese vergleichsweise neue Beratungs-, Coaching- und Selbsthilfemethode zur Förderung von Gelassenheit geht es in diesem Buch. Sie wurde über einen Zeitraum von 40 Jahren im Rahmen eines Langzeitforschungsprogramm unter der Leitung der Erstautorin, Angelika C. Wagner, in weit über sechzig empirischen Untersuchungen, zunächst an der Pädagogischen Hochschule Reutlingen und seit 1985 an der Universität Hamburg, entwickelt, erprobt, methodisch weiterentwickelt und in vielen praktischen Anwendungsfeldern auf ihre Wirksamkeit hin untersucht. Seit das Buch »Gelassenheit durch Auflösung innerer Konflikte. Mentale Selbstregulation und Introvision« von Angelika C. Wagner 2007 (2. Aufl. 2011, 3. Aufl. in Vorb.) im Kohlhammer Verlag erschienen ist, hat das Interesse an Introvision in Wissenschaft und Praxis stark zugenommen.

Mit dieser alltagsnahen Einführung wollen wir eine breitere Leserschaft erreichen. Das Buch eignet sich für Menschen, die sich mit der Förderung von Gelassenheit in Selbstlektüre auseinandersetzen möchten und kann als Grundlagentext für Seminare, für Einführungskurse in Introvision und beim Training und Coaching in Introvision genutzt werden.

Dabei geht es darum,

- (wieder) mit mehr Gelassenheit entscheiden und handeln zu können,
- das Ausmaß psychischer Anspannung regulieren zu können,
- sich mühelos(er) in eine gewünschte Richtung verändern zu können, ohne dieses Vorhaben dem eigenen Bewusstsein so aufzu-

zwingen, dass zwar der Druck steigt, die Änderung aber nicht eintritt, und
• Konflikte von der Wurzel her aufzulösen.

In den letzten Jahren ist unter der Anleitung der Autorinnen eine Vielzahl von Kursen entwickelt und durchgeführt worden, an Hochschulen (Pädagogik, Psychologie, allgemeine berufsbildende Kompetenzen, Gesundheitsförderung, Sozialpädagogik und Soziale Arbeit), an Schulen (zur Verbesserung des Lernens und zum Abbau von Prüfungsangst), im Leistungssport, zum Stressabbau und zur Gesundheitsförderung von Führungskräften wie auch Langzeitarbeitslosen, um nur einige zu nennen. Daneben werden laufend weitere Forschungsprojekte zur Wirksamkeit von Introvision geplant und realisiert.

Die Forschungsgruppe Introvision an der Universität Hamburg (www.introvision.uni-hamburg.de), heute unter der Leitung von Prof. Dr. Angelika C. Wagner und Prof. Dr. Telse A. Iwers, bietet neben individuellen und Gruppen-Workshops zur Einführung in die Introvision für Interessierte seit April 2014 auch ein umfangreiches Weiterbildungsprogramm für Coaches, Trainerinnen und Trainer sowie Beraterinnen und Berater an, die in der professionellen Anwendung der Methode der Introvision ausgebildet und weiterqualifiziert werden.

2016 wurde ein Verband gegründet unter dem Namen »Introvision e. V. – Gesellschaft zur Förderung der Introvision als Methode der mentalen Selbstregulation«, der es sich zur Aufgabe macht, die Weiterentwicklung und Verbreitung der Introvisionsberatung zu fördern (www. introvision.de).

Für all diese Zwecke legen wir diese leicht verständliche, praxisorientierte und zugleich wissenschaftlich fundierte Einführung als Ergänzung und Erweiterung des grundlegenden »Gelassenheitsbuchs« vor. Sie wurde von uns drei Autorinnen gemeinsam verfasst.

Univ.-Prof. Angelika C. Wagner, Ph. D. (University of Michigan) ist emeritierte Professorin für Pädagogische Psychologie, Begründerin des Ansatzes der Introvision und Leiterin der »Forschungsgruppe Mentale Selbstregulation und Introvision« an der Fakultät für Erziehungswissenschaft der Universität Hamburg. Die Entwicklung der Introvision ist ihr Lebenswerk (► Kap. 1.3). Die Entstehung dieses Buches geht auf die Initiative und auf Vorarbeiten von Prof. Dr. Renate Kosuch im Rahmen ihres Forschungssemesters im Jahr 2013 an der Fakultät für Angewandte Sozialwissenschaften der TH Köln zurück. Zudem hat sie innere Konflikte im Berufsalltag analysiert und dabei auf der Grundlage der Methode des Nachträglichen Lauten Denkens die Methode des konfliktfokussierten Interviews zur Erfassung subjektiver Imperative entwickelt, in einer empirischen Untersuchung von Konflikten von Männern und Frauen im Bereich der Naturwissenschaften angewandt und die Ergebnisse empirisch ausgewertet[1]. Sie setzt Introvision ein bei der Gestaltung von Veränderungsprozessen in Organisationen[2], im Kontext der Vermeidung von freiheitsentziehenden Maßnahmen in der häuslichen Pflege und zur Erleichterung des Erlernens von Beratungsmethoden[3].

Prof. Dr. MHEd. Telse Iwers lehrt Pädagogische Psychologie an der Fakultät für Erziehungswissenschaft der Universität Hamburg. Seit 25 Jahren befasst sie sich mit der Auflösung innerer Konflikte in Beratungs- und Supervisionsprozessen sowie im Kontext von Interkulturalität und pädagogischer Professionalität. Ihr Verdienst ist es u. a., 2001 den Begriff Introvision dafür erfunden zu haben.

Alle Autorinnen verfügen über umfangreiche Erfahrungen sowohl in der Forschung und Entwicklung als auch in der praktischen Vermittlung der Introvision.

Zur 2. Auflage

Die hier vorgelegte zweite, überarbeitete Auflage dieses Praxisbuchs spiegelt die kontinuierliche Weiterentwicklung der Introvision in Theorie, Forschung und Praxis wider. Die Theorie der mentalen Introferenz wurde seit 2015 von der Erstautorin, Angelika C. Wagner[4], zu einer Grundlagentheorie der Entstehung von Gelassenheit weiterentwickelt; in diesem Zusammenhang wurde Kapitel 2 von ihr weitgehend neu geschrieben. Weiterführende Forschungsergebnisse (so z. B. das Gelassenheitsbarometer von Prof. Dr. Renate Kosuch im Anhang dieses Buchs) sowie neue Impulse für die Praxis und die gelingende Anwendung von Introvision kommen aus der laufenden Forschung, aus der Praxis, von Teilnehmenden und Veranstalterinnen der Weiterbildungskurse ebenso wie aus hochschulbegleiteten Transferprojekten.

Prof. Dr. Angelika C. Wagner hat neben der Weiterentwicklung der Theorie der mentalen Introferenz zu einer allgemeinen Theorie der Gelassenheit seit März 2014 ein Promotionsvorhaben initiiert und betreut, das von Kamala Klebanova durchgeführt wird. Es handelt sich um ein Interventionsforschungsprojekt zur Wirksamkeit der Introvision bei der Verringerung von Prüfungsangst und zur Verbesserung der Gedächtnisleistung bei Oberstufenschülerinnen und -schülern, in enger Kooperation mit dem Sonderforschungsbereich »Plastizität des Gehirns«[5] an der Universität Lübeck. Darüber hinaus hat sie die Entwicklung weiterer, derzeit laufender empirischer drittmittelgeförderter Untersuchungen (u. a. Introvision bei Migräne sowie Introvision im betrieblichen Gesundheitsmanagement) konzeptionell begleitet. Parallel dazu treibt sie die Entwicklung der Praxis der Introvision weiter voran: durch die Entwicklung neuer KAW-Übungen, durch Vorträge und Workshops zur Einführung in die Introvision für unterschiedliche Zielgruppen, sowie durch Aufbaumodule zur Weiterbildung von in Hamburg ausgebildeten Introvisionsberaterinnen und -beratern.

Prof. Dr. Renate Kosuch hat seit 2015 an der Förderung von Gelassenheit als einen bedeutsamen Aspekt in der rechtlichen Betreuung – insbesondere im Prozess der Unterstützung von Menschen mit behinderungs- oder krankheitsbedingten Einschränkungen in ihrer Entscheidungsfähigkeit gearbeitet[6] und damit ihren Themenschwerpunkt der Bedeutung von Gelassenheit in sozialen Interaktionen weiter ausgebaut. Im Rahmen der Gelassenheitsförderung für pflegende Angehörige von an Alzheimer erkrankten Menschen hat sie[7] das hier vorgelegte Gelassenheitsbarometer[8] zur Selbstreflexion in vielfältigen Kontexten entwickelt (►Anhang). Neuere Veröffentlichungen dazu finden sich im Literaturverzeichnis.

Prof. Dr. Telse A. Iwers hat seit 2015 neben verschiedenen Vortragstätigkeiten Forschungsprojekte zur Untersuchung des Zusammenhanges von Introvision und antinomischen Spannungen ebenso wie des Zusammenhanges zwischen Introvision und Achtsamkeit durchgeführt und begleitet. Zu dem zweiten Themengebiet hat sie eine Ringvorlesung organisiert und arbeitet aktuell an der Weiterentwicklung von Achtsamkeitsförderung durch Introvision im Rahmen pädagogischer Professionalisierung. Ebenso bietet sie in interkulturellen Lehrprojekten gemeinsam mit der University of Education Winneba (Ghana) introvisionsbasierte Trainingseinheiten zur Dekonstruktion und Rekonstruktion subjektiver Theorien von Zugehörigkeit und Nichtzugehörigkeit und zum Umgang mit Ungewissheit an. Als Sprecherin der Kommission Pädagogik und Humanistische Psychologie der DGFE hat sie eine Tagung zum Thema ›Vielfalt thematisieren‹ organisiert, auf der u. a. Fragen der Auflösung innerer Konflikte mit Situationen von Ungewissheit und Fremdheit diskutiert wurden.

Anlässlich des Jubiläums zu 40 Jahren Forschung und Praxis der Introvision fand im September 2017 eine zweitägige Tagung an der Universität Hamburg statt. Deutlich wurde dabei auch wie gesellschaftlich bedeutsam die Förderung von Gelassenheit heute ist[9].

Danksagung

Wir bedanken uns bei den folgenden Personen und Institutionen, die für die Entstehung dieses Buches (1. und 2. Auflage) wichtig waren: Malin Hildebrandt für die gemeinsam mit A. C. Wagner entwickelten Abbildungen, Alina Laskowski für die Unterstützung bei der Erstellung des Manuskriptes, der ersten Auflage, all den Personen, die uns erlaubt haben, aus ihren Erfahrungsberichten zu zitieren sowie dem Kohlhammer Verlag für die sehr gute, intensive Unterstützung und Betreuung, insbesondere Ruprecht Poensgen (1. und 2. Aufl.), Joachim Walter, Celestina Filbrandt, Carina Eckert (1. Aufl.) und Annika Grupp (2. Aufl.). Dank gilt auch der TH Köln für die Gewährung eines Forschungssemesters (Renate Kosuch). Darüber hinaus danken wir unseren Familien, Freundinnen und Freunden für ihre Geduld, Gesprächsbereitschaft und Rückenstärkung, den Mitgliedern der Forschungsgruppe Introvision sowie des Vereins für Introvision und – last but not least – den vielen Teilnehmerinnen und Teilnehmern unserer Seminare und Workshops, deren Nachfragen und Erfahrungen uns herausgefordert haben, die Vermittlung der Introvision zugleich differenziert, zugänglicher und alltagstauglich zu machen.

Lesehinweise

Dieses Buch ist als Einführungskurs aufgebaut. Es ist zugleich ein wissenschaftliches Fachbuch, in dem Leserinnen und Leser auch auf theoretischer Basis in die wissenschaftlichen Zusammenhänge der Introvision eingeführt werden. Damit das Buch sich möglichst flüssig liest, haben wir uns dafür entschieden, Literatur- und sonstige weiterführende wissenschaftliche Hinweise als »Anmerkungen« am Ende des Buches aufzuführen. In einer Reihe von Fällen werden Berichte von Introvisionsanwenderinnen und -anwendern wiedergegeben. Zur Wahrung der Anonymität erfolgt der Quellennachweis hier über eine Nummer am Ende des Zitats. Nähere Hinweise hierzu finden sich am Ende des Literaturverzeichnisses. Wir empfehlen, das Buch chronologisch zu lesen, denn die Kapitel bauen aufeinander auf. Sie sind Bestandteil eines umfangreichen Kurses in Gelassenheit – egal ob theoretische Hintergrundinformation oder praktische Übung im Vordergrund stehen. Alles zusammen bildet die Grundlage der Selbstanwendung und Beratung.

Ziel der Introvision ist es, Problemen gelassen ins Auge zu schauen – und so wieder gelassen zu werden in Situationen, in denen einem das schwerfällt. In diesem Buch geht es also in erster Linie um innere Probleme, um diejenigen Konflikte, Ängste, Ärger, Blockaden, die es uns schwer machen, im Alltag gelassen zu bleiben. Bei der Introvision geht es darum, diese inneren Konflikte nicht nur abzumildern, sondern von der Wurzel her aufzulösen. In diesem Buch wird erklärt, wie das geht: was Gelassenheit bedeutet (▶ Kap. 1), wieso es sinnvoll ist, Problemen »gelassen ins Auge zu schauen« (▶ Kap. 2), wie sich das praktisch üben lässt (▶ Kap. 3), wie sich das »Auge des Problems«, sprich: der Kern des Konflikts finden lässt (▶ Kap. 2. und ▶ Kap. 4) und wie man diesen tatsächlich gelassen betrachten kann (▶ Kap. 5).

Die Lern- und Trainingsziele im Einzelnen sind:

- Das Ausmaß der eigenen Gelassenheit anhand der siebenstufigen *Psychotonusskala* einschätzen zu können (▶ Kap. 1).
- Zu verstehen, wie zunehmende Nicht-Gelassenheit entsteht, welche Rolle dabei das introferente (»*hineintragende*«) *Eingreifen in mentale Abläufe* spielt. Ziel ist, zwischen der mentalen Selbstregulation auf Basis des »Erkennens-Was-Ist« (*epistemische Informationsverarbeitung*) und den Auswirkungen des Überschreibens gültiger durch ungültige Kognitionen (»Eingreifen-In-Das-Was-Ist«) unterscheiden zu können (*Theorie der Mentalen Introferenz, TMI*, ▶ Kap. 2), und auf diesem Hintergrund das *Grundprinzip des konstatierenden Wahrnehmens und der Introvision* zu verstehen.
- Das »gelassene Schauen«, sprich das *Konstatierende Aufmerksame Wahrnehmen* einzuüben und anzuwenden, zur Förderung von mehr Gelassenheit im Alltag und als Grundlage der Introvision zur Auflösung innerer Konflikte (▶ Kap. 3).
- Zu verstehen, was es bedeutet, sich bestimmte Kognitionen zu befehlen und sich selber aufzuzwingen (*subjektive Imperative*) und welche Schlimmgefühle (*Muss/Darf-Nicht-Syndrom*) mit der Erkenntnis, was ist oder sein kann (*Subkognitionen*), verbunden sind.

- Es geht darum, den Zugang zu verschiedenartigen inneren Konflikten durch *Nachträgliches Lautes Denken* zu bekommen und diese Qualität des »Live-Erlebens« unterscheiden zu können vom Nachdenken über eine Sache.
- Dabei wird auch sensibilisiert für die vielfältigen mentalen Strategien, einen Konflikt loszuwerden (*Konfliktumgehungsstrategien*), die das Konstatierende Aufmerksame Wahrnehmen des Zentrums des Unangenehmen behindern können (▶ Kap. 4). Ziel ist es, zu lernen, wie sich das »*Auge des Problems*« finden lässt, das es bei der Introvision dann gelassen anzuschauen gilt.
- Den Ablauf einer *Introvision* zu kennen sowie die Methode der Introvision zur Auflösung von inneren Konflikten, mentalen Blockaden und Affekten (Angst, Ärger, Wut) einsetzen zu können (▶ Kap. 5).
- Am Schluss fassen wir das Wichtigste noch einmal zusammen (▶ Kap. 6).

Dieses Buch ist als Einführung in die Introvision gedacht. Der Schwerpunkt liegt hier in erster Linie auf der praktischen Durchführung und Anwendung der Introvision. Wer sich darüber hinaus stärker in die theoretischen, empirischen und praktischen Grundlagen der Introvision vertiefen möchte, sei an dieser Stelle ausdrücklich auf das Buch von Wagner (2011) verwiesen.

Wir wünschen allen unseren Leserinnen und Lesern gutes Gelingen.

1

Problemen gelassen ins Auge schauen: Worum es in diesem Buch geht

Wie ist es möglich, gelassen mit schwierigen Situationen umzugehen? Diese Frage bewegt uns insbesondere dann, wenn wir uns akut in einer schwierigen Situation befinden. Die in dieser Situation auftretenden inneren Konflikte, Ängste, Ärger, Stress und Blockaden erleben wir meist als nicht beeinflussbar, sondern eher als etwas, über das wir nicht verfügen können. Unangenehme Gefühle stellen sich einfach ein, die Gedanken drehen sich im Kreis oder eine passende Reaktion fällt einem nicht ein. Mit etwas Abstand lässt sich das Typische daran meist gut beschreiben. Aus der Distanz können wir oft auch analysieren, was während eines akuten Konflikts abgelaufen ist. Die vielen Versuche innerlich dagegen vorzugehen oder sich vorzunehmen, zukünftig anders und ruhiger damit umzugehen, laufen dennoch oft ins Leere oder sind hoch anstrengend. Es ist, als würden wir an den entscheidenden Stellen einer gewünschten Selbstveränderung an die Grenzen unserer Fähigkeit zur Selbststeuerung stoßen. Wie unser Bewusstsein arbeitet, wie gelassen oder angespannt wir sind, scheint sich der willentlichen Beeinflussung gerade dann zu entziehen, wenn es uns dringend notwendig erscheint. Grund dafür sind automatisierte Prozesse des introferenten Eingreifens (▶ Kap. 2) und die daraus resultierenden inneren Konflikte, die den Handlungsspielraum einschränken, den wir brauchen, um mit schwierigen Situationen oder inneren Zuständen umgehen zu können und diese Konflikte auflösen zu können.

Im ersten Teil dieses Kapitels wird dargelegt, was Gelassenheit bedeutet (▶ Kap. 1.1) und wie sich das Ausmaß von (fehlender) Gelassenheit abstufen lässt, zwischen tiefer innerer Ruhe auf der einen und Panik auf der anderen Seite (▶ Kap. 1.2). Gelassenheit kann entstehen, wenn wir aufhören zu denken, dass Dinge unseren Vorstellungen entsprechen *müssen* oder anders sein *müssen*. Gelassenheit hat aus unserer Sicht also wesentlich damit zu tun, etwas innerlich nicht mehr zu tun. Dieses Verständnis von Selbstberuhigung und Selbstregulation durch Unterlassung ist die Grundlage der Introvision. In Kapitel 1.3 berichtet deren Begründerin, Angelika C. Wagner, wie sie entstanden ist und wie sie sich von anderen psychologischen Methoden unterscheidet.

1.1 Was Gelassenheit bedeutet: Die Psychotonusskala (PT-Skala)

Gelassenheit wird oft mit Besonnenheit, mit Gleichmut, mit innerer Ruhe, mit einem ausgeglichenen Gemütszustand umschrieben, mit Weitsicht und Bedachtsamkeit.

1.1 Was Gelassenheit bedeutet: Die Psychotonusskala (PT-Skala)

Der Begriff der Gelassenheit

Die ursprüngliche Wortbedeutung geht auf das Mittelhochdeutsche »gelaāʒenheit« zurück, was die Gebrüder Grimm[1] in ihrem Wörterbuch in »Gottergebenheit« übertragen. Im Laufe der Geschichte erfolgte eine Loslösung des Begriffs vom Religiösen hin zu einer persönlichen Innerlichkeit. Diese innere Haltung wird auch umschrieben mit Gemütsruhe, innerem Gleichgewicht, Bedacht, Abgeklärtheit und Besinnlichkeit. Mit diesen Begriffen werden zum Teil aktuelle momentane Verfassungen in bestimmten Situationen bezeichnet, zum Teil aber auch wesentliche Einstellungen, die eine gelassene Persönlichkeit beschreiben.

Die Philosophie hat sich seit jeher mit Gelassenheit befasst. Schon in der Antike gab es Erörterungen über den Sinn von Gelassenheit, aber auch über die Gefahr des Abgleitens in Gleichgültigkeit und Abgestumpftheit.

Der deutsche Philosoph Friedrich Kambartel hat eine Abhandlung mit dem Titel ›Über die Gelassenheit: Zum vernünftigen Umgang mit dem Unverfügbaren‹[2] geschrieben. Dieser Titel beschreibt den ersten Schritt dessen, was wir unter Gelassenheit verstehen: Eine Haltung, die sich nicht an dem Unverfügbaren aufreibt, sondern dieses Unverfügbare so sein lassen kann, wie es gerade ist. Wenn wir uns in einer gelassenen Haltung schulen, dann weil wir erkennen, dass Unveränderbares nicht änderbar ist, auch wenn wir uns noch so sehr bemühen. In die gleiche Richtung weist das bekannte ›Gelassenheitsgebet‹: Gott gebe mir die Gelassenheit, Dinge hinzunehmen, die ich nicht ändern kann, den Mut, Dinge zu ändern, die ich ändern kann, und die Weisheit, das eine vom anderen zu unterscheiden.[3]

Auch andere Kulturen haben sich auf vielerlei Weise mit Gleichmut beschäftigt. Im Buddhismus wird der zweite Schritt dessen, was wir unter Gelassenheit verstehen, erkennbar: Dort kommt dem Gleichmut (Upekkha) eine wesentliche Bedeutung zu. Er ist einer der anzustrebenden Geisteszustände (neben Liebe, Mitfreude, Mitgefühl) und überwindet Hindernisse, insbesondere Unruhe und Aufgeregtheit, die durch Gier und Unwillen entstehen.

Gleichmut umfasst hier Gelassenheit ebenso wie So-sein-lassen-Können, Nicht-Anhaften und Loslassen. Wir müssen Dinge nicht überwinden, erzwingen, besitzen, kontrollieren, sondern können uns und die Situation, in der wir uns gerade befinden, so sein lassen, wie sie sind. Wenn wir unsere Aufmerksamkeit und Handlungsenergie nicht mehr auf Wahrnehmungen, Umstände oder Dinge richten, die anders sein müssten, haben wir viel mehr Kapazität frei zu sehen, was wirklich gegeben ist. Dies hat nicht zur Folge, dass wir apathisch und unaufmerksam sind und alles passiv hinnehmen, sondern dass wir ganz im Gegenteil in der Gegenwart aufmerksam und präsent sind und sich unsere Reaktionen auf »das, was ist« beziehen können.

Wenn wir aber eingreifen in unsere Wahrnehmung, das Wahrgenommene bewerten oder gar auszuklammern versuchen, dann muss steuernd eingegriffen werden. Wenn die Dinge nicht so sein dürfen, wie sie erscheinen, dann werden sie mit ersten störenden Gefühlen verbunden. Dies führt zu emotionaler Aufladung, zu Erregung und Selbstalarm. Diesen Selbstalarm können wir zu unterbinden versuchen, indem wir anstreben, trotzdem cool zu bleiben. Dies ist aber nicht wirklich ein Zustand innerer Gelassenheit, sondern der Versuch, innere Anspannung und gedankliches Kreisen durch kontrollierende Maßnahmen zu unterdrücken.

Gelassenheit ist nicht Gleichgültigkeit

Ein verbreitetes Missverständnis ist dementsprechend, sich Gelassenheit vorzustellen als »die Fassung wahren«, »rational sein«, »ohne Emotionen«. Die Vorstellung einer Gegensätzlichkeit von verstandesgeleitet (= gelassen) und gefühlsgeleitet (= aufgeregt) ist verbunden mit der Idee von gelassener Selbststeuerung ohne Gefühle, die dieser Vorstellung nach als grundsätzlich störend erlebt werden. Doch die Trennlinie ist hier missverständlich gezogen. Selbst verordnete, aufgesetzte oder vorgeschobene Gleichgültigkeit oder Fühllosigkeit ist oft mit hoher innerer Anspannung verbunden und bedeutet eben nicht, gelassen zu sein. »Coolness« oder eine Ausstrah-

1.1 Was Gelassenheit bedeutet: Die Psychotonusskala (PT-Skala)

lung von Unberührbarkeit anzustreben führt letztlich dazu, dass mit großem psychischen Aufwand versucht wird, unangenehmen Gefühlen zu entgehen (▶ Kap. 3.2; Konfliktumgehungsstrategien). Das engt den Handlungsspielraum ein und blockiert Intuition und Kreativität – beides wird aber gerade in schwierigen Situationen gebraucht. Auf die Umgebung wirkt sich diese Art und Weise zudem eher nicht gelassenheitsfördernd aus, sondern verursacht häufig das Gegenteil.

Gelassenheit, wie sie hier verstanden wird, bedeutet gerade nicht Emotionslosigkeit[4]. Sie geht ganz im Gegenteil mit großer Empfindungsfähigkeit und Offenheit für eine Vielfalt von Gefühlen einher. Erst der Versuch, die Dinge innerlich so zu machen, wie sie sein sollten statt hinzuschauen, wie sie sind, bringt uns in Wallung. Durch diese mentale Verzerrung (Eingreifen und Überschreiben) nehmen Erregung, Anspannung und Blockierungen zu. So kann z. B. aus Trauer hysterisches Klagen werden, Zuneigung sich zu Gier steigern oder die Suche nach der passenden Antwort zum Blackout führen.

Die Trennlinie der Unterscheidung ist also nicht zwischen Kopf und Bauch zu ziehen, sondern zwischen zwei verschiedenen Arten und Weisen, wie das, was gerade in einem vorgeht (emotionaler wie rationaler Art), erlebt und verarbeitet wird (▶ Abb. 1.1; ▶ Anhang, »Gelassenheitsbarometer«).

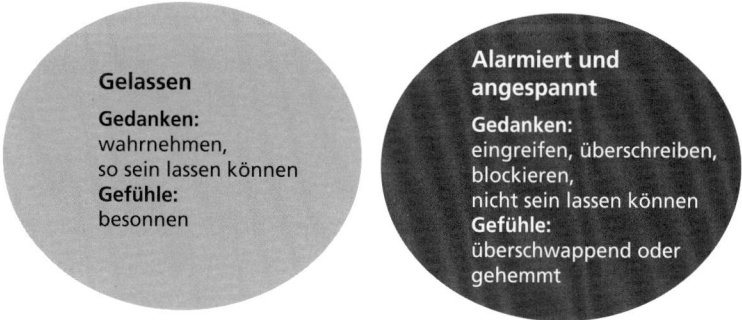

Abb. 1.1: Gelassenes und nichtgelassenes Erleben

Letztlich bedeutet Gelassenheit idealerweise, optimal handlungsfähig zu sein, genau wahrzunehmen und einen freien Zugang zu den eigenen inneren Wahrnehmungen und Gefühlen zu haben, um auf die Situation einzuwirken. Mit Gelassenheit ist es möglich zu »planen, wünschen, handeln, erfinden, schlussfolgern, spüren, genießen, träumen«[5].

> Gelassenheit bezeichnet eine annehmende und besonnene Haltung, mit der es möglich ist, die Gegenwart zu erfassen wie sie ist, ohne von emotionaler oder gedanklicher Abwehr überschwemmt zu werden.

Unterschiedliche Grade von Gelassenheit: Die Psychotonusskala

Im Alltag lassen sich verschiedene Stufen von mehr oder weniger Gelassenheit unterscheiden: Pragmatische Gelassenheit, Flow-Erleben (im Einklang mit sich und der Welt) und absolute innere Ruhe. Pragmatische Gelassenheit bedeutet, dass sich jemand im Alltag im Wesentlichen ruhig und besonnen verhält[6]. Daneben gibt es Zustände zunehmend tieferer Gelassenheit – etwa, wenn wir uns etwas entspannt fühlen und kleinere Anspannungen langsam von uns abfallen, über den Zustand der Versunkenheit im Augenblick bis hin zu den seltenen Momenten absoluter innerer Ruhe, Selbstvergessenheit und Zeitlosigkeit. Auf der anderen Seite kann auch der Grad der Anspannung im Alltag unterschiedlich stark ausgeprägt sein. Von einer als Anstrengung erlebten Form von Disziplin und Selbstbeherrschung über das Wahrnehmen eines Konflikts und dessen Eskalation sind hier verschiedene Abstufungen möglich.

Um das Ausmaß der psychischen An- und Entspannung einschätzen und benennen zu können hat Wagner[7] ein sieben Stufen umfassendes ›Psychotonusmodell‹ unterschiedlicher Erregungszustände entwickelt. Der Begriff ›Psychotonus‹ bezeichnet die subjektiv wahrgenommene psychische Verfassung eines Menschen. Die Psychotonusstufen (PT) reichen von absoluter innerer Ruhe (Stufe 1) bis zu eskalierendem akuten Konflikterleben (Stufe 7).

1.1 Was Gelassenheit bedeutet: Die Psychotonusskala (PT-Skala)

Tab. 1.1: Die Psychotonusskala (PT-Skala)[8]

Stufe	Tonuszustand
7	*Eskalierender akuter Konflikt* Panik, Verzweiflung, Blackout etc.
6	*Akuter Konflikt* Angst, Entscheidungsdilemma, Ärger, Depression, etc.
5	*Anstrengung, Volition (Wille), Impulsivität, Euphorie, Affekte* Selbstbeherrschung, Selbstüberwindung, Stress meistern, Hemmungen; impulsiv handeln, starke Affekte (Rausch)
4	*Alltagswachbewusstsein* wach, handlungs- und funktionsfähig, willentliches Handeln (ohne merklichen inneren Widerstand)
3	*Beginnende Entspannung, Versenkung* abnehmende Erregung, fehlende aktive Willensprozesse, zunehmende affektive Indifferenz
2	*Versunkenheit, Flow-Erleben* Einssein, große innere Klarheit, Flow-Erleben, Trance
1	*Absolute innere Ruhe* Tiefes Wohlgefühl, Zeitlosigkeit, innere Leere, Ichlosigkeit

Die einzelnen Stufen der Psychotonusskala werden im Folgenden genauer erläutert.

Stufe 1: Absolute innere Ruhe

Absolute innere Ruhe, innere Leere und Zeitlosigkeit zu erleben gilt in verschiedenen philosophischen, religiösen und spirituellen Traditionen ebenso wie in manchen gesundheitsorientierten Verfahren als ein wesentliches und erstrebenswertes Ziel. Das, was ist, wird wahrgenommen, ohne dass Emotionen oder Gedanken es bewerten oder kommentieren. Die Umgebung erscheint so, wie sie ist, und wird als Ganzes wahrgenommen. Diese absolute innere Ruhe kann auch als ein zutiefst spirituelles Erleben aufgefasst werden. Um diesen Zustand zu erreichen, gilt es – so Carl Albrecht – den Zustand der eigenen Versunkenheit zu betrachten. »Wenn die Versunkenheit zum Gegenstand der Innenschau wird, ist sie eine allumfassende Einheit, deren Einzelelemente, nämlich die absolute Leere, die absolute Ruhe und die Zeitlosigkeit, nicht mehr zu unterscheiden sind«[9]. Ähnlich argumentiert Moshe Feldenkrais: »Demnach wäre einer sich bewusst, der bewusst bei Bewusstsein wäre; der sein Bewusstsein wahrnimmt, gewahrt; der sich seiner selbst inne wird und ungefähr dies sei hier vorderhand mit Bewusstheit gemeint«[10]. Die absolute innere Ruhe und Zeitlosigkeit ist ein Zustand, den wir in unserem aktiven Alltagsleben kaum erreichen werden, denn sie setzt viel Übung in Stille voraus, z. B. in Form von Meditationsübungen. Wenngleich die absolute innere Ruhe schwer zu erreichen ist, sollte sie nicht als Ausnahmezustand mit Weltfluchtcharakter verstanden werden. Es geht nicht um die Auflösung der weltlichen Wahrnehmung und eine Flucht in spirituelle Welten, sondern darum zu erkennen, dass persönliche Anliegen die gegenwärtige Wahrnehmung in absoluter innerer Ruhe verhindern. Daher spricht man auch von Ichlosigkeit. »Zur höchsten Form gehört die tiefgreifende Erkenntnis, dass das gewöhnliche Selbst, das wir so verzweifelt schützen, eine Illusion ist. Wenn du kein verletzbares Selbst hast, ist es auch nicht nötig zu entkommen«[11].

Stufe 2: Versunkenheit und Flow-Erleben

Versunkenheit und Flow-Erleben beschreiben einen Zustand, in dem wir so vertieft in eine Tätigkeit sind, dass wir in ihr aufgehen. Es gibt eine große innere Klarheit in der Beschäftigung, die durch das Verschmelzen mit dem Tun entsteht und sich ähnlich wie eine leichte Trance anfühlt (▶ Kap. 2). Das, was entsteht, wird so angenommen, wie es ist bzw. sich entwickelt. Die Beschäftigung erscheint uns mühelos und ohne Zwang, ohne antreibende Gedanken, wie ›Das muss ich noch zu Ende bringen!‹, ›Oh, so spät ist es schon!‹, ›Ach eigentlich sollte ich mir mehr Mühe geben!‹ oder andere eingreifende und den Prozess unterbrechende innere Auseinandersetzungen. Die Wahrnehmung ist

1.1 Was Gelassenheit bedeutet: Die Psychotonusskala (PT-Skala)

im Hier und Jetzt. Dadurch werden die Eindrücke intensiver wahrgenommen; die Aufmerksamkeit ist auf die Gegenwart gerichtet. Dieser Zustand bewirkt keinen spontanen Glückskick, allerdings führt er, wenn wir ihn vermehrt erleben, zu einer stärkeren Orientierung auf das Gegenwärtige hin und zu höherer Zufriedenheit, weil unsere Sinneseindrücke stärker werden und größeren Raum einnehmen als im Alltagswachbewusstsein. Mit wachen Sinnen die Schönheit einer Rose wahrzunehmen, ist ein anderes Erleben als im alltäglichen Wachbewusstsein durch den Garten zu gehen und anderen Gedanken nachzuhängen.

Stufe 3: Beginnende Entspannung

Beginnende Entspannung und erste Versenkungen erleben wir z. B., wenn wir nach einem anstrengenden Tag beginnen, die Tageszeitung oder ein Buch zu lesen, bei einer guten Tasse Tee auf dem Sofa sitzen und langsam aufhören, die Tagesgeschäfte zu durchdenken. Anfangs tauchen noch bestimmte Ereignisse im Bewusstsein auf, dann nimmt die Erregung allmählich ab, aktive Willensprozesse klingen aus und wir nehmen uns selbst kaum noch emotional wahr. Dieser Zustand kann auch als affektive Indifferenz bezeichnet werden. Der Philosoph Salomo Friedländer[12] hat sich mit dieser Indifferenz intensiv beschäftigt. Er nimmt an, dass wir nur das wahrnehmen können, was sich unterscheidet. Im Zustand der Indifferenz gibt es aber keine Unterschiede; es ist quasi ein Nullpunkt des Erlebens, von wo aus sich neue Wahrnehmungen erst ergeben. Diese indifferente Entspannung ist für viele Menschen nicht nur mental, sondern auch körperlich wahrnehmbar, wenn sich z. B. ein Gefühl der körperlichen Schwere einstellt. Beginnende Entspannung kann man auch mit Übungen bewusst herstellen. Die progressive Muskelentspannung[13] ist eines der bekanntesten Verfahren, das genau auf diese Entspannung abzielt. Dabei wird die Entspannung durch vorherige Anspannung zu erreichen versucht. Verschiedene große Muskelregionen werden systematisch zunächst angespannt und dann bewusst entspannt, um eben diese Entspannung intensiv wahrzunehmen.

Stufe 4: Alltagswachbewusstsein

Das Alltagswachbewusstsein bezeichnet die Psychotonusstufe, in der wir wach, ausgeruht und fähig sind, willentlich zu handeln, ohne merklichen inneren Widerstand. Wir sind handlungs- und funktionsfähig und bewältigen unseren Alltag mit seinen verschiedenen Aufgaben, Begegnungen und Eindrücken. Dabei treten einzelne Wahrnehmungen nicht besonders in den Vordergrund. Wir halten nicht inne, um uns einzelnen Momenten intensiv zu widmen, sondern bewältigen mehr oder weniger gelassen die Fülle des normalen Lebens. Wir bemühen uns darum, Dinge abzuarbeiten und die an uns gestellten Anforderungen und Pflichten zu erfüllen. Auf dieser Stufe befindet sich das Bewusstsein, wenn die an uns gestellten Herausforderungen handhabbar sind, wenn wir kaum größere Hindernisse wahrnehmen und der Alltag quasi glatt läuft. Wir sind ausreichend gelassen, um den Anforderungen ebenso wie inneren Bedürfnissen zu entsprechen. Anders ausgedrückt: Das ist der Zustand, der beim Wasserstand als »Normal Null« bezeichnet wird – weder Hochwasser noch Niedrigwasser.

Stufe 5: Zunehmende Anstrengung, Willenskraft, Impulsivität

Auf der Psychotonusstufe 5 nehmen Anstrengung, Volition (Wille), Impulsivität, Euphorie oder Affekte zu. Die innerlich wahrgenommenen Herausforderungen werden größer, Konfrontationen nehmen zu oder es stellen sich kleinere Reibungen ein. Damit steigert sich die innere Anspannung und es wird eine latente Unruhe fühlbar. Um weiterhin handlungsfähig zu bleiben, müssen wir uns selbst beherrschen und Erregungen zurückdrängen. In diesen Situationen wahrgenommene Impulse, in ihrer Breite vielleicht als Impulsivität erlebt, werden gehemmt bzw. unterdrückt. Selbstbeherrschung und Selbstüberwindung stehen auf dieser Stufe oft im Vordergrund des Erlebens, es muss Stress gemeistert werden. Dabei gibt es Unterschiede, wie gut Menschen auf dieser Psychotonusstufe ihre Impulse unterdrücken bzw. beherrschen können. Einerseits ist dies sicher von der persön-

1.1 Was Gelassenheit bedeutet: Die Psychotonusskala (PT-Skala)

lichen Art des Umgangs mit Anstrengung abhängig, andererseits aber auch von den jeweiligen Situationen sowie der Stärke der Affekte. Eine Kritik beispielsweise, entgegengebracht von meinem besten Freund, löst sicher andere Impulse aus, die anders steuerbar sind, als eine Kritik, die ich von meiner Chefin bekomme. Neben den zu regulierenden Impulsen müssen wir in derartigen Momenten oft auch Gedanken unterdrücken.»Nein, jetzt nicht an die Möglichkeit einer schlechten Beurteilung denken, weiter arbeiten!« Das ist mit Anstrengung verbunden. Deutlich wird dies z. B. in einem Selbstbericht einer Ratsuchenden:

> »Mein Leben habe ich ganz gut im Griff, andere merken nicht, wie viel Kraft ich brauche, um das zu schaffen, was ich schaffe. Mein Lebensgefühl: Ich gehe vorwärts, befinde mich dabei auf einem dieser Laufbänder, wie es sie in großen Flughäfen gibt, um die Fluggäste schneller zum nächsten Terminal zu bringen. Ich laufe auf ihm in entgegengesetzter Richtung, ich tue es schnell. Ich komme vorwärts und doch ist es mühsam.«

Stufe 6: Akuter Konflikt

Ein akuter Konflikt hingegen bezeichnet die Psychotonusstufe, auf der es zeitweise nicht mehr möglich ist, die innere Erregung oder eskalierende Gedanken durch Selbstbeherrschung zu unterdrücken. Die Erregung bleibt deutlich spürbar, auch wenn wir versuchen, uns abzulenken. Die Gedanken drehen sich endlos im Kreis und bleiben im Vordergrund der Wahrnehmung, so sehr wir uns auch bemühen, ihnen auszuweichen.»Das darf doch nicht wahr sein, dass meine Kollegin eben die Tür vor meiner Nase zugeschlagen hat! – Sie darf jetzt bloß nicht merken, wie sehr sich mich damit verletzt hat!«.

Ein akuter Konflikt entsteht nicht unbedingt durch die Auseinandersetzung mit anderen. Es kann durchaus sein, dass ich mich innerlich mit Dingen auseinandersetze, die von konflikthafter Bedeutung für mich sind und mich so sehr anspannen und anstrengen, dass ich meine Wahrnehmung nicht mehr umfassend auf das äußere

Hier und Jetzt lenken kann. Dies kann z. B. sein, wenn ich Angst vor einem zukünftigen Ereignis habe oder mich in einem persönlich bedeutsamen Entscheidungsdilemma befinde: »Soll ich mich von meiner Lebenspartnerin trennen oder nicht?«. Wann immer wir uns diesen inneren Prozessen zuwenden, steigt die Erregung an und führt auf dieser Psychotonusstufe, je nach Anlass, zu einer leichten Ausprägung von Ärger, Trauer, Angst, Scham oder Verzweiflung. Diese Emotionen können auch in vernebelter Form wahrgenommen werden; wir fühlen uns dann beklommen oder bedrückt.

Stufe 7: Eskalierender Konflikt

Ein eskalierender akuter Konflikt entwickelt sich dann, wenn jemanden – wie im oben genannten Beispiel – die Tatsache, vor einer verschlossenen Tür zu stehen, sehr trifft, er oder sie diese Tür wieder öffnet und verzweifelt mit der Kollegin zu streiten beginnt. Dabei verlassen einen die rationalen Kontrollmechanismen, man gerät »außer sich«. Wut, Trauer, Angst, Scham oder Verzweiflung werden jetzt sehr deutlich erlebt. Ein eskalierender Konflikt liegt auch dann vor, wenn eine Entscheidung – in der Partnerschaft bleiben oder sich trennen – einen nachts schlaflos und voller Trauer im Hause umherwandern lässt, wenn man vor Sorgen oder anderen Grübeleien nicht in den Schlaf findet und emotional hoch belastet ist. Eskalierende Konflikte nehmen die gesamte Aufmerksamkeit ein, sie konzentrieren alle gedanklichen und emotionalen Kapazitäten auf eben dieses akute Problem. Im eskalierenden Konflikt erleben wir oft intensive Gefühle wie Panik oder Verzweiflung. Die aktuelle Wahrnehmung der Situation erscheint nicht mehr möglich. Es kann sich auch ein Blackout einstellen. Ablenkungen oder Selbstregulationen sind nicht möglich, da sich das Konflikterleben immer wieder in den Vordergrund drängt.

Vermutlich haben Sie sich während des Lesens an Situationen erinnert, die jeweils zu den einzelnen Stufen passen. Vielleicht haben Sie auch die Erfahrung gemacht, dass sich der Psychotonus kontinuierlich verändert und regelrechte Sprünge machen kann. Allein die Stufe 1 ist uns eher selten bekannt. Sie ist im Grunde eine »Weisheit des Augenblicks«, die sich spontan einstellen kann.

In kleinen Schritten können wir uns auf den Weg hin zu mehr Gelassenheit begeben, indem wir den Blick immer mal wieder nach innen richten und lernen, unsere Anspannungen aufzulösen.

1.2 Wie Gelassenheit entsteht: Lernen mit etwas aufzuhören

Die Erfahrung, den eigenen Psychotonus selbst zu regulieren, ist eigentlich etwas Vertrautes. Ganz selbstverständlich tun wir Dinge oder leiten uns innerlich an, um »runterzukommen« oder uns selbst »auf Trab zu bringen«. Beide Richtungen sind möglich, wenn wir in das eingreifen, was sich gerade innerlich abspielt. Manchmal handeln wir dabei willentlich gegen Widerstände, das heißt, dass wir »den inneren Schweinehund überwinden« und uns durch Selbstermutigungen oder Selbstbefehle motivieren, weiterzumachen. Und manchmal beruhigen wir uns auch selbst. Das heißt, dass wir innerlich Dinge tun, die uns helfen, den Boden unter den Füßen wieder zu spüren. Wir entwickeln verschiedene mehr oder weniger gut funktionierende Strategien, mit denen wir uns energetisch nach oben oder nach unten regulieren. Je besser diese Strategien wirken, desto mehr und öfter greifen wir auf sie zurück. Und teilweise bezeichnen wir die so entstehenden Selbstregulationsmuster als persönliche Reifung. Damit entsprechen wir einem Verständnis von persönlicher Weiterentwicklung, die in unserem Alltag in der uns umgebenden Kultur vorherrschend ist: Die Gewohnheit, sich selbst zu kommentieren und anzutreiben. Aber eigentlich sind wir damit nur mäßig erfolgreich. Im Kern bleiben wir angespannt und gestresst. Dies äußert sich auch darin, dass die Selbstberuhigungsstrategien nicht dazu führen, die Konflikte aufzulösen – sie sind nur vorübergehend zur Ruhe gekommen.

1 Problemen gelassen ins Auge schauen: Worum es in diesem Buch geht

Gleiches gilt für persönliche Reflexionen. Wenn wir uns verändern möchten (gefasster werden, souveräner werden, nicht so schnell wütend werden, nicht so viele Ängste aktiveren etc.), versuchen wir oft erst einmal zu verstehen, warum das bisher nicht gelungen ist. Ausgestattet mit Überlegungen zu den Ursachen für unsere Unsicherheiten oder unsere Erregungen nehmen wir uns dann etwas Neues vor (»Beim nächsten Mal werde ich mich nicht aus der Ruhe bringen lassen«, »...nicht wütend werden«, etc.).

Doch auch wenn man verstanden hat, wie es dazu kommt und sich vorgenommen hat, in einer ähnlichen Situation anders zu reagieren, gelingt es nicht, sich anders zu verhalten und erst recht nicht anders zu empfinden. Vielleicht wird die Anspannung, unter der man steht, sogar noch größer, denn die Selbstkritik erweitert sich um einen neuen Aspekt: Ich bin nicht nur unzufrieden mit mir, weil ich wieder so unsicher und hektisch geworden bin, sondern zusätzlich noch, weil ich mich immer noch nicht verändert habe (»Das kann doch nicht wahr sein, dass mir das schon wieder passiert ist!«). Und während einem das durch den Kopf geht – verbunden mit einem reichlich unangenehmen Gefühl – wird deutlich, wie wenig hilfreich es ist, sich selbst so unter Druck zu setzen. Und so nimmt die innere Anspannung noch zu. Wieder greift man ein in die inneren Abläufe: Ich muss doch eigentlich geduldiger und liebevoller mit mir umgehen und meinen inneren Kritikerinnen und Antreibern nicht so viel Raum geben. Diese Herangehensweise kann vorübergehend ganz erfolgreich sein, doch latent bleibt die Anspannung und es fehlt an Gelassenheit. Im Gegenteil, über die Anspannung schichten sich

1. verschiedene Selbstregulationsversuche,
2. Kommentierungen und Bewertungen dieser Versuche und
3. Selbstvorwürfe angesichts des Scheiterns.

Damit wird ein Konflikt also nicht entschärft, sondern es entsteht im Gegenteil ein Knäuel von Gefühlen und Gedanken, die viel Aufmerksamkeit binden.

1.2 Wie Gelassenheit entsteht: Lernen mit etwas aufzuhören

Gelassenheit bedeutet nicht, sich anzuspornen, etwas anders zu machen oder etwas nicht mehr zu tun. Es bedeutet nicht, sich noch mehr unter Druck zu setzen, weil man immer noch nicht gelassen ist. Gelassenheit heißt tatsächlich etwas zu lassen. Diese Haltung wird z. B. in dem Lied ›Let it be‹ der Beatles beschrieben:

> »When I find myself in times of trouble
> Mother Mary comes to me
> Speaking words of wisdom
> Let it be
> And in my hour of darkness
> She is standing right in front of me
> Speaking words of wisdom
> Let it be ....«[14]

Gemeint ist hier mit den ›Worten der Weisheit‹, sich nicht gegen die auftretenden Wahrnehmungen zu wehren, sondern diese so sein zu lassen, wie sie sind.

Die grundlegende These hier lautet: Selbststeuerung bedeutet nicht, in jedem Fall innerlich in die mentalen Abläufe einzugreifen. Veränderung von Verhalten und Erleben gelingt tatsächlich oft besser, wenn wir damit aufhören.

Doch wie ist das zu erreichen? Wie können wir aufhören, in unsere mentalen Prozesse immer wieder steuernd einzugreifen, mit dem Ziel die Konfliktladung nicht ständig zu erhöhen? Und wie kann es gelingen, das Gegebene gelassen anzunehmen?

Dies ist erst einmal schwer vorstellbar, denn beim kommentierenden Eingreifen handelt es sich um ein kulturell tief verankertes und automatisiertes Vorgehen und mit der hier noch darzulegenden Alternative sind wir wenig vertraut. Wir sind es gewohnt, Dinge mit der Kraft unseres Willens innerlich zu überwinden. Sonst brauche ich doch den Willen gar nicht – so meinen wir – wenn da nicht etwas ist, was es innerlich zu überwinden gilt. Wir aktivieren unseren Willen also, um Widerstände zu überwinden. Während wir auf Stufe 4 ohne

1 Problemen gelassen ins Auge schauen: Worum es in diesem Buch geht

1.3.1 Das Langzeitforschungsprogramm zur »Entstehung und Auflösung innerer Konflikte«

Die Introvision ist das Ergebnis eines Langzeitforschungsprogramms zur Entstehung und Auflösung innerer Konflikte unter der Leitung der Erstautorin, das Ende der 1970er Jahre an der Pädagogischen Hochschule begann und seit 1985 an der Universität Hamburg fortgeführt wird.

Ausgangspunkt für dieses Langzeitforschungsprogramm: die unerwartete Entdeckung von »Knoten im Kopf«.

Den Anstoß dafür gab eine unerwartete Entdeckung, auf die wir[15] (die Erstautorin zusammen mit M. Barz, I. Uttendorfer-Marek, S. Maier und R. Weidle) im Rahmen einer groß angelegten DFG-Studie (1976–1982) stießen. Damals waren wir eigentlich »nur« auf der Suche nach herausragenden Unterrichtsstrategien und hatten dafür eigens eine neue Forschungsmethode erfunden, die Methode des Nachträglichen Lauten Denkens. Dabei wurden die Beteiligten anhand von Videoaufzeichnungen des Unterrichts gefragt, was ihnen an bestimmten Stellen während des Unterrichts »durch den Kopf gegangen« war. Was heute Sportreporter und Moderatorinnen routinemäßig fragen, geht auf die damals von uns neu entwickelte Forschungsmethode[16] zurück.

Bei der Auswertung dieser Daten stießen wir 1977 überraschenderweise auf viele »Knoten im Kopf«. Diese »Knoten« entpuppten sich als innere Konflikte, bei denen sich die Gedanken im Kreis drehten und das Handeln hemmten und blockierten, während die Emotionen (Angst, Ärger) anstiegen. Diese Entdeckung elektrisierte uns aus vier Gründen: Erstens waren sie sozusagen theoretisch nicht vorgesehen (innerhalb der damaligen Handlungstheorien). Zweitens gab es damals kaum systematische empirische Untersuchungen zu solchen Konflikten im normalen Alltag und im beruflichen Handeln. Drittens zeigte sich rasch, dass diese Konflikte erhebliche Auswirkungen auf das Handeln haben können – bis hin zur Entstehung von Chaos im Unterricht. Damit war die Idee für unser Langzeitforschungsprogramm geboren[17]. Viertens interessierte es uns brennend herauszufinden, wie sich solche »Knoten« ohne eine langwierige Therapie wieder auflösen lassen.

Ziel des Langzeitprojekts: die Untersuchung der Entstehung und Auflösung innerer Konflikte

Als Ausgangspunkt für das Langzeitforschungsprojekt wählten wir bewusst eine ›harte‹ Frage. Diese ›harte‹ Frage lautete: Wie lassen sich auch schwierige Konflikte auflösen? Mit schwierig meinten wir insbesondere diejenigen Konflikte, die nicht durch die üblichen Methoden (Einsicht, Realitätserkenntnis, Problemlösungsmethoden u. a.) aufgelöst werden. Und auflösen – das bedeutete für uns dasselbe wie die Auflösung eines physischen Knotens. Wenn sich eine Schnur verknotet hat, dann gilt es, die vorhandenen Verschlingungen behutsam zu entwirren – so lange, bis die Schnur wieder glatt ist. Einen inneren Konflikt zu beenden, bedeutete für uns dasselbe wie einen Knoten aufzulösen: hinterher laufen die Gedanken wieder »glatt«, wir sehen die Welt wieder weit und farbig und die innere Ruhe ist wiederhergestellt. Am Beispiel von Redeangst[18] lässt sich das leicht veranschaulichen: Wenn wir vor einer Rede nachts vor Aufregung kaum schlafen konnten, so sind wir nach der Auflösung dieser Angst ruhig und gelassen, auch wenn die Rede unmittelbar bevorsteht. Genau so erging es einer unserer ersten Testpersonen, die große Angst davor hatte, Rundfunkinterviews zu geben. Nach erfolgreicher Auflösung der Angst saß sie morgens ruhig am Schreibtisch. »Als das Telefon dann zur vereinbarten Zeit klingelte,« so erzählte sie später, »musste ich mich erst einmal kurz darauf besinnen, warum es jetzt klingelte«, so ruhig war sie nach der Auflösung ihrer Angst. Dies hat ihr in ihrer weiteren Karriere sehr geholfen.

Ausgangspunkt für das Langzeitforschungsprojekt waren drei grundlegende Fragen:

1. Wie entstehen innere Konflikte? Warum drehen sich die Gedanken dabei im Kreis? An welchem Punkt beginnt das Endloskreisen[19]?

2. Was lässt sich tun, um diese Konflikte aufzulösen?
3. Und wieso funktioniert das?

Das Langzeitprojekt umfasste drei Phasen, die über weite Strecken parallel zu einander verliefen.

Phase 1: Die Suche nach dem Kern des Konflikts: die Entwicklung der Imperativanalyse.

Unser Leitfaden für die Untersuchung von Konflikten waren die subjektiven Imperative. Subjektive Imperative sind Ziele, Absichten und Erwartungen (an andere), die subjektiv mit einem Muss- bzw. Darf-nicht-Gefühl verbunden sind (▶ Kap. 4). Wir vermuteten, dass es subjektive Imperative sind, die unter bestimmten Umständen zu inneren Konflikten führen. Während bisherige psychologische Theorien die Ursache von Konflikten in bestimmten *inhaltlichen* Muss-Vorstellungen sehen, so z. B. in moralischen Geboten (Freud), in überhöhten Ich-Idealen (Rogers) oder in irrationalen Muss-Vorstellungen (Ellis), gingen wir einen Schritt weiter. Wir stellten die Hypothese auf, dass es sozusagen in der Natur eines Imperativs liegt, unter bestimmten Umständen einen inneren Konflikt zu verursachen – und zwar unabhängig von dem, was er beinhaltet. Aus dieser Sicht kann der Imperativ »Ich muss morgens unbedingt ein frisches Brötchen auf dem Tisch haben!« ebenso einen Konflikt auslösen wie der Satz »Die anderen müssen mich lieben!«.[20]

Dazu führten wir eine Vielzahl von empirischen Untersuchungen zu inneren Konflikten durch – so z. B.

* bei Rede- und Prüfungsangst,
* bei Depressionen,
* bei Trennung und Scheidung,
* im beruflichen Alltag von Naturwissenschaftlerinnen und Naturwissenschaftlern,
* in Wohngemeinschaften,
* bei Bewerbungsgesprächen,

1.3 Die Geschichte dahinter: Wie Introvision entwickelt wurde

- bei Leistungsversagen,
- bei Problemen mit dem eigenen Aussehen,
- bei Blockaden von Schauspielern auf der Bühne,
- bei Stimmproblemen von Sängerinnen,
- bei Sprecherzieherinnen,
- bei Alkoholismus,
- in der Schule (z. B. Aggressionen zwischen Mädchen und Jungen, Gruppenunterricht, naturwissenschaftlicher Unterricht, Berufsschule, Philosophieren mit Kindern),
- in der Mutterrolle,
- beim Wiedereinstieg in den Beruf,
- in den Medien (z. B. Fotoromane, Ratgeberseiten),
- im Sport (Softball, Reiten, Segeln),
- bei Burnout [21] sowie
- über die Auswirkungen von Konflikten auf das Behalten von Sachinformationen[22],
- bei mentalen Blockaden von weiblichen Führungsnachwuchskräften[23] und
- bei Antinomien (nichtlösbaren Widersprüchen) im Lehrerhandeln[24].

In diesem Zusammenhang entwickelten wir eine Reihe von weiteren Forschungsinstrumenten, so zum Beispiel das konfliktfokussierte Interview[25], das imperativtheoretische Textanalyseverfahren (ITA) und das Kategoriensystem zur Erfassung von Konfliktumgehungsstrategien (KUS), die sich inzwischen in der Forschung vielfach bewährt haben und heute die Grundlage für die Imperativanalyse bilden – ein Kernbestandteil der Introvision (▶ Kap. 4).

Phase 2: Die Entwicklung praktischer Methoden zur Auflösung von Konflikten: Konstatierendes Aufmerksames Wahrnehmen (KAW und Introvision)

Parallel dazu habe ich (ACW) bereits Ende der 1970er Jahre damit begonnen, einen Weg zur Auflösung solcher Konflikte zu suchen. Erste

1 Problemen gelassen ins Auge schauen: Worum es in diesem Buch geht

Versuche, unsere Bekannten und Freunde davon zu überzeugen, dass sie doch, bitte schön, ihre subjektiven Imperative aufgeben sollten, um so innerlich wieder ruhig zu werden, blieben weitgehend wirkungslos. Viele von ihnen sagten so etwas wie ...»Ich weiß ja, dass ... – aber ...!«. Zum Beispiel: »Ich weiß ja, dass es nicht schlimm ist zu versagen ... – aber ich habe trotzdem Angst davor!« oder ».... und es ärgert mich trotzdem!«.

Deshalb haben wir damals einen anderen Weg eingeschlagen als die (damalige) kognitive Verhaltenstherapie. Statt wie Ellis mit unseren Klienten zu disputieren, ob oder ob nicht ein bestimmter Imperativ irrational sei (und manche von ihnen sind eindeutig rational), gingen wir von der Prämisse aus, dass es sinnvoll ist, dem »Schlimmen ins Gesicht zu sehen« – und so den Konflikt aufzulösen. Dies führte unmittelbar zu vier grundlegenden Fragen:

- Erstens: Wie lässt sich das Zentrum des »Schlimmen« finden?
- Zweitens: Was bedeutet es, diesem Schlimmen »ins Gesicht zu schauen«?
- Drittens: Inwieweit führt das tatsächlich zur Auflösung von Konflikten?
- Und viertens: Wie lässt sich das erklären?

Die Antworten, die wir auf diese Fragen gefunden haben, finden sich in diesem Buch (▶ Kap. 2–5).

Parallel dazu haben wir auch eine Vielzahl von empirischen Untersuchungen zur Wirksamkeit der Introvision durchgeführt. Nach ersten ermutigenden Ergebnissen von Einzelfallstudien (z. B. sich aus einer gewalttätigen Beziehung lösen, Umgang mit einem aggressiven Kind[26]) ging es in den ersten beiden umfangreichen empirischen Untersuchungen um Rede- und Prüfungsangst; die Ergebnisse dieser Studien haben die Entwicklung der Introvision nachhaltig geprägt. Darauf folgte eine Vielzahl weiterer Untersuchungen, u. a.

- bei Depressiven,
- bei Musikhochschulstudierenden (Üben am Instrument),

1.3 Die Geschichte dahinter: Wie Introvision entwickelt wurde

- bei Sprecherzieherinnen,
- bei Unzufriedenheit mit dem eigenen Aussehen,
- als Methode der Supervision in der Sozialpädagogik,
- bei der Reduktion von Geburtsangst bei Schwangeren,
- bei der Auflösung chronischer Nackenverspannungen,
- in der Prävention von Burn-Out bei Krankenpflegeschülerinnen und -schülern,
- in der Professionalisierung von Pädagogikstudierenden in der Selbst- und Sozialkompetenz,
- in der Förderung von Genderkompetenz,
- in der Verringerung von Schreibblockaden,
- bei der Verbesserung der Hörfähigkeit bei Alters- und Lärmschwerhörigkeit,
- in der Reduktion mentaler Blockaden beim Singen und im künstlerischen Prozess,
- zur Stressreduktion bei Müttern von Kleinkindern,
- von KAW in der Schule und in der Hochschule (z. B. Stressverringerung für Lehrerinnen und Lehrer, für Schülerinnen und Schüler, für Studierende),
- zur Verringerung von Perfektionismus,
- zur Förderung der Aufstiegskompetenz und Verringerung von mentalen Blockaden bei weiblichen Führungsnachwuchskräften in der Wirtschaft,
- zur Verringerung von Wettkampfstress bei Leistungssportlern und -sportlerinnen,
- zur Verringerung von Stress und Belastung bei weiblichen Nachwuchsführungskräften in der Wirtschaft,
- zur Verringerung von Angst vor Mathematik[27],
- zur Verringerung von Stress und Prüfungsangst und zur Verbesserung des Behaltens bei Oberstufenschülerinnen und -schülern[28] – eine empirische Interventionsstudie in Kooperation mit Transregio-Sonderforschungsbereich »Plastizität« an der Universität Lübeck,
- zur Verringerung von Migräne und chronischen Kopfschmerzen: eine empirische Interventionsstudie[29] (Universitätsklinikum Großhadern),

- weitere Untersuchungen laufen derzeit bzw. sind in Planung:
  - zum Zusammenhang von Ungewissheit und inneren Konflikten,
  - zur Dekonstruktion und Rekonstruktion subjektiver Theorien durch Introvision.
  - zur Vermeidung von Gewalt in der häuslichen Pflege durch Förderung von Gelassenheit[30]

Insgesamt haben diese vielfältigen Studien sehr viel dazu beigetragen, die Methode der Introvision zu entwickeln, sie differenziert zu evaluieren und sie praxistauglich zu machen. Das Ergebnis dieser Studien zeigt, dass sie in vielen Fällen wirksam sein kann – und dass sie auch einen Beitrag dazu zu leisten vermag, chronische Probleme (z. B. Alters- und Lärmschwerhörigkeit, dauerhafte Rückenverspannungen, Tinnitus, Wettkampfstress) zu verringern[31].

Phase 3: Wieso? Die Entwicklung der Theorie der mentalen Introferenz

Parallel dazu habe ich mich (ACW) mit der Frage befasst, wie sich die Wirksamkeit der Introvision – ebenso wie die Wirksamkeit auch anderer Methoden – insgesamt erklären lässt. Das Problem lag[32] darin, das heute gängige Modell der mentalen Selbst- und Handlungsregulation so weiterzuentwickeln, dass sich damit auch die Entstehung von Konflikten erklären lässt – und zwar (Psychotherapie-) schulenübergreifend. Die Theorie der mentalen Introferenz geht von der Annahme aus, dass innere Konflikte das Resultat von Introferenz sind, wörtlich genommen: das Ergebnis des »hineintragenden Eingreifens« in die eigenen mentalen Prozesse. Auf diese Weise lassen sich die Grundelemente (sozusagen die DNA) der inneren Konflikte ausbuchstabieren. Subjektive Imperative sind nur eine, wenn auch wichtige Facette dieses Konfliktgeschehens, freilich eine, die sich nach wie vor relativ rasch und einfach erkennen lässt – deshalb dienen sie weiterhin als Leitfaden bei der Suche nach dem Kern des Konflikts. Eine einführende Darstellung der Theorie der mentalen Introferenz (TMI) findet sich in Kapitel 2. Eine ausführliche, allgemein verständliche Darlegung der Entstehung von Gelassenheit

1.3 Die Geschichte dahinter: Wie Introvision entwickelt wurde

im Kontext der mentalen Selbstregulation findet sich in Wagner (2019).

Das Langzeitforschungsprogramm – ein Produkt des forschenden Lernens und des lehrenden Forschens an der Universität

Im Rahmen dieses Langzeitforschungsprogramms wurden weit über sechzig empirische Studien durchgeführt – von kleinen Einzelfallstudien bis hin zu randomisierten und kontrollierten Interventionsstudien. Im Laufe der vierzig Jahre wirkten daran hunderte von Mitarbeiterinnen und Mitarbeitern, Kolleginnen und Kollegen, Doktorandinnen und Doktoranden, Diplomandinnen und Diplomanden, Bachelor- und Masterstudierende, viele Lehramtskandidatinnen und -kandidaten sowie schätzungsweise zweitausend Staatsexamens- und Diplomstudierende im Sinne von forschendem Lernen und lehrendem Forschen aktiv mit – in Seminargruppen, in Forschungs- und Beratungsseminaren, in der Diskussion, Erprobung, Vermittlung, Durchführung und Weiterentwicklung der Introvision sowie ihrer grundlegenden Theorien. Hunderte von ihnen haben – als studentische Hilfskräfte, wissenschaftliche Mitarbeiterinnen und Mitarbeiter oder als wissenschaftliche Assistentinnen und Assistenten, als Diplomandinnen und Diplomanden sowie als Doktorandinnen und Doktoranden mitgearbeitet. Sie haben viele kleinere, mittelgroße und auch sehr große drittmittelfinanzierte empirische Untersuchungen (mit) durchgeführt und darüber Hausarbeiten, Examensarbeiten, Dissertationen und auch eine Habilitation[33] geschrieben.[34] Ohne sie wäre die Entwicklung der Introvision so nicht möglich gewesen – ohne ihre Begeisterung, ihre kritischen Nachfragen, ihre eigenen Entdeckungen. Parallel dazu wurde die Introvision in hohem Umfang praktisch erprobt: Insgesamt wurden im Laufe des Langzeitforschungsprogramms – grob geschätzt – etwa 1 500-2 000 Introvisionsberatungsgespräche protokolliert und diese Protokolle wurden – im Rahmen von Seminararbeiten, Examensarbeiten und Forschungsprojekten – Schritt-für-Schritt analysiert und ausgewertet, und dann auf dieser Grundlage die Methode der Introvision weiterentwickelt.

Insofern ist die Entwicklung der Introvision eine Gesamtleistung von vielen Menschen, die in Forschung, Studium und Lehre zusammengearbeitet haben und weiter zusammenarbeiten – ein eindrucksvolles Beispiel dafür, was »forschendes Lernen« und »lehrendes Forschen« an einer Universität bewirken kann.

1.3.2 »Ist das nicht dasselbe wie …?« Über Gemeinsamkeiten und Unterschiede zwischen der Introvision und anderen Verfahren der mentalen Selbstregulation

> »Es ist ein eigentliches Verdienst unseres Herrn Kapellmeisters, daß er in allen seinen Compositionen neu ist und sich sehr hütet, dasjenige wieder zu sagen, was andere schon oft gesagt haben. Daher kommt es aber auch öfters, dass diejenigen, welche der Sache unkundig sind, wähnen, dieses oder jenes Stück sey schwer, da es doch in seiner Ausführung gar nicht schwer ist, sondern bloß die Gedanken desselber neu sind. Da nun aber das Neue zugleich fremd und unbekannt ist, so verwechselt man das Unbekannte mit dem Schweren.«
>
> So schrieb die »Staats- und Gelehrte Zeitung des Hamburgischen unpartheyischen Correspondenten« am 16. September 1780 als sie die erste Sammlung der Sturmschen Lieder von Kapellmeister Carl Philipp Emanuel Bach ankündigte (zit. nach Rémy, 2000, Vorwort).

So ähnlich wie dem »unpartheyischen Correspondenten« geht es uns auch heute noch manchmal. Um zu verdeutlichen, was das Neue an der Introvision ist, kommt hier vorweg eine zusammenfassende Übersicht. In unseren Seminaren machen wir des Öfteren die Erfahrung, dass manche Teilnehmenden beim Erlernen der Introvision meinen, Aspekte aus anderen Ansätzen wiedererkennen zu können, auch wenn dem nicht so ist. Dadurch entstehen Missverständnisse – Unterschiede und besondere Merkmale der Introvision werden übersehen. Wenn zum Beispiel durch Vorerfahrungen mit Achtsamkeits- oder Meditationstechniken das Konstatierende Aufmerksame Wahrnehmen zu wenig und nicht den präzisen Anleitungen gemäß eingeübt wird, verstellt das den Weg zur tatsächlichen Auflösung innerer Konflikte. Auch Verwechslungen mit suggestiven Methoden,

1.3 Die Geschichte dahinter: Wie Introvision entwickelt wurde

die den Lernenden manchmal selbst gar nicht klar waren, sind uns aufgefallen.

Daher werden im Folgenden in verdichteter Form die Besonderheiten der Introvision sowie bedeutsame Abgrenzungen zu anderen Verfahren zusammengefasst – mit Hinweisen auf die Kapitel, in denen das jeweilige Thema genauer erläutert wird. Wem dies zu diesem Zeitpunkt noch zu speziell erscheint, dem empfehlen wir, dieses Kapitel nach Abschluss der Lektüre des Buchs und/oder Erarbeitung der Introvision noch einmal zu lesen.

Was also ist das Besondere an der Introvision und worin genau unterscheidet sie sich von anderen Verfahren?

- Die Introvision wurde speziell für die Auflösung hartnäckiger Konflikte entwickelt – Konflikte, die zum Beispiel trotz besserer Einsicht oder guter Absichten (»Ich weiß ja, dass...«) weiterbestehen. Ziel der Introvision ist es, diese Konflikte dauerhaft aufzulösen. Dauerhaft auflösen bedeutet, dass es danach wieder möglich ist, in der entsprechenden Situation gelassen handeln zu können (▶ Kap. 2 und ▶ Kap. 5).
- Die Introvision ist ein genau definiertes Verfahren, dass empirisch fundiert in einem Langzeitforschungsprogramm unter der Leitung der Erstautorin entwickelt und erforscht wurde. Entstehung und Auflösung innerer Konflikte können somit theoretisch – bis ins Detail der mentalen Selbstregulation – erklärt werden. Darauf basiert die Introvision – das Vorgehen zur Auflösung innerer Konflikte –, das ebenfalls sehr klar definiert ist, umfassend praktisch erprobt und empirisch hinsichtlich seiner Wirksamkeit untersucht.
- Die Introvision beruht auf zwei zentralen Bestandteilen: auf dem Konstatierenden Aufmerksamen Wahrnehmen (▶ Kap. 3) und auf der Imperativanalyse (▶ Kap. 4).
- Das Konstatierende Aufmerksame Wahrnehmen (KAW), stellt eine besondere Form der Aufmerksamkeit dar, die – im Unterschied zu vielen anderen Ansätzen – im Kontext der Introvision anhand von vier, über Jahre hinweg entwickelten, didaktisch aufeinander aufbauenden und vielfach getesteten Übungen (▶ Kap. 3) – opera-

tionalisiert, empirisch fundiert und theoretisch begründet werden. Diese Übungen haben inzwischen weite Verbreitung gefunden.
- Die praktische Durchführung der Introvision beruht auf diesem KAW. Besonders wichtig ist die trainierbare Fähigkeit, etwas weitgestellt konstatierend anzuschauen, wenn es darum geht, die Kognitionen, die den Kern des Konflikts bilden, von den damit automatisch verbundenen Prozessen der erhöhten Anspannung, Erregung (Affekt) und Hemmung (Blockaden) zu entkoppeln.
- Um Konflikte wirklich aufzulösen, ist es erforderlich, den Kern des Konflikts zu finden. Dies erfolgt im Rahmen der Introvision mit Hilfe der Imperativanalyse – ein empirisch basiertes, inhaltsneutrales, strukturiertes Vorgehen bei der Suche nach dem (subjektiven) Kern eines Konflikts. Grundlage dieser Analyse ist die von Wagner (2007) entwickelte Theorie subjektiver Imperative (▶ Kap. 4).
- Auch die im Rahmen des Langzeitforschungsprogramms entwickelten Forschungsinstrumente[35], die zum Teil auch in der Praxis der Introvision zum Einsatz kommen, sind theoretisch fundiert, das Nachträgliche Laute Denken (NLD) (▶ Kap 4.2; das imperativtheoretische Textanalyseverfahren (ITA[36]), Konfliktumgehungsstrategien (KUS) (▶ Kap. 4) oder das konfliktfokussierte Interview[37].
- Die theoretische Grundlage der Introvision ist die eigens in diesem Zusammenhang von der Erstautorin entwickelte Theorie der mentalen Introferenz; diese geht von der Annahme aus, dass innere Konflikte das Resultat des introferenten (»hineintragenden«) Eingreifens sind, sprich: des Überschreibens vorhandener richtiger Erkenntnisse durch hineingetragene falsche bzw. verzerrte Kognitionen.
- Ziel der Introvision ist es, die innere Gelassenheit zu fördern und diese auch und gerade in schwierigen Situationen wiederzugewinnen, mit anderen Worten: das (automatische) introferente Eingreifen in Bezug auf den jeweiligen Konfliktkern zu beenden.
- Introvision ist eine Methode des Selbstmanagements, die sich erlernen und dann selbstständig im Alltag in vielen Situationen

1.3 Die Geschichte dahinter: Wie Introvision entwickelt wurde

anwenden lässt – bei Verspannungen, Affekten, Hemmungen und Stress ebenso wie bei Entscheidungsdilemmata, mentalen Blockaden, unliebsamen Angewohnheiten und anderen Problemen.

- Introvision ist demnach stets »Selbstintrovision«[38]. Das bedeutet – und das ist wichtig –, dass die Klientin oder der Klient sie selber durchführt (oder auch nicht). Introvision kann weder suggestiv induziert werden (das wäre ein Widerspruch in sich, ▶ Kap. 2) noch von anderen *für* jemanden durchgeführt werden.
- Das Besondere an der Introvisionsberatung ist zudem ihr wohldefiniertes Vorgehen. Zunächst gilt es, das Gegenüber in die Vorgehensweise der Introvision einzuführen. Dies umfasst die Imperativanalyse samt den dazu gehörenden Methoden (wie z. B. NLD, Standbildmethode, Imperativketten, Erkennen von Imperativischen Strukturen, Erkennen von Erstimperativen). Notwendig ist auch eine ebenso ausführliche Einführung in das KAW generell sowie die Anleitung der Klientin oder des Klienten in den vier KAW-Übungen in unterschiedlichen Modalitäten samt anschließendem Feedback sowie die gemeinsame Auswertung der »Hausaufgaben« (KAW-Übungen außerhalb der Beratung) und zwar so lange, bis sichergestellt ist, dass die zu beratende Person das KAW richtig anwenden kann – auch und insbesondere dann, wenn es gilt, den Kern des Konflikts eine Weile konstatierend und weitgestellt ins Auge zu schauen (▶ Kap. 5).

In der großen Palette der vielfältigen psychologischen Methoden gehört die Introvision zu den klientenzentrierten und den eher tiefenpsychologisch-aufdeckenden und nicht zu den psychologisch »überschreibenden«, suggestiven Verfahren. Die Wurzeln der Introvision liegen ursprünglich in der kognitiven Verhaltenstherapie, auch wenn sie mit der Imperativanalyse einen eigenen Weg entwickelt hat, um den Kern eines Konflikts zu finden. Im Unterschied zu herkömmlichen kognitiven Ansätzen, die auf Einsicht und Überzeugung setzen, liegt die besondere Stärke der Introvision darin, dort weiterzukommen, wo es schwierig wird, liebgewordene Überzeugungen aufzugeben oder Meinungen zu ändern.

1 Problemen gelassen ins Auge schauen: Worum es in diesem Buch geht

Die Introvision hat außerdem gemeinsame Wurzeln mit vielen Ansätzen[39], die sich mit der Anwendung von offener, nicht-wertender, weiter Aufmerksamkeit befassen: von der freischwebenden Aufmerksamkeit bei Freud über Achtsamkeit (Kabat-Zinn), Zen-Meditation und christliche Kontemplation bis hin zu Feldenkrais, um nur einige wenige zu nennen.

Der Hauptunterschied liegt erstens darin, dass es beim KAW darauf ankommt, die Aufmerksamkeit eine Zeit lang weitgestellt konstant auf eine bestimmte Kognition gerichtet zu halten; zweitens wird diese spezielle Form der konstatierenden Aufmerksamkeit anhand von eigens dafür entwickelten Übungen operationalisiert und vorab eingeübt, und drittens wird sie bei der Introvision gezielt dafür eingesetzt, um einen bestimmten inneren Konflikt auf diese Weise aufzulösen[40].

1.4 Zusammenfassung

Ziel der Introvision ist es, innere Konflikte aufzulösen. Es geht darum, auftauchenden Konflikten nicht durch zunehmende Anspannung und Erregung zu begegnen und diesen damit noch mehr ›einzuheizen‹, sondern im Gegenteil einen gelassenen Modus der Wahrnehmung zu erlernen, um die Aufladung ausklingen zu lassen und dem eigentlichen Kern des Konflikts dann in eben diesem gelassenen Modus zu begegnen, ihn wahrzunehmen und ausklingen zu lassen, anstatt in einen verwirrenden und an den Konflikt haftenden Widerstand zu gehen. In diesem Kapitel haben wir zunächst unsere grundlegenden Überlegungen zur Gelassenheit erklärt und dann das Psychotonusmodell zur Erfassung unterschiedlicher mentaler Zustände – von absoluter innerer Ruhe bis hin zu Panik – vorgestellt.

Introvision bedeutet, Probleme gelassen ins Auge zu schauen – und auf diese Weise innere Konflikte aufzulösen. In Kapitel 1.3 wurde geschildert, wie die Introvision im Rahmen eines 40-jährigen Lang-

1.4 Zusammenfassung

zeitforschungsprogramms unter der Leitung der Erstautorin entwickelt, theoretisch begründet, praktisch erprobt und empirisch untersucht wurde. Das Ergebnis ist die Entwicklung der Introvision – eine neue Methode zur Auflösung innerer Konflikte. Grundlage dafür ist zum einen die Imperativanalyse – eine Methode, mit Hilfe des Nachträglichen Lauten Denkens (NLD) den Kern eines Konflikts anhand von Hinweisen auf subjektiven Imperativen aufzuspüren. Die zweite Säule der Introvision ist das Konstatierende Aufmerksame Wahrnehmen (KAW) – eine im Rahmen dieses Langzeitprojekts entwickelte und empirisch getestete spezielle Form offener, nicht-wertender Aufmerksamkeit, die anhand von eigens dafür entwickelten Übungen eingeübt und dann zur Auflösung des Konflikts eingesetzt wird.

Damit dies gelingt, gilt es zuerst zu verstehen, wie innere Konflikte entstehen. Dies werden wir im nächsten Kapitel darstellen. Anschließend geht es dann darum, das Konstatierende Aufmerksame Wahrnehmen, die Haltung des gelassenen Betrachtens des inneren Erlebens zu üben. Die Methode der Introvision und deren Einübung wird dann in den folgenden beiden Kapiteln erklärt.

2

Was es ist, das im Zustand der Gelassenheit unterlassen wird: Die Theorie der mentalen Introferenz

»Nichts ist so praktisch wie eine gute Theorie.«
(Kurt Lewin)

Ziel der Introvision ist es, die innere Gelassenheit wieder zu finden: Gelassenheit als Zustand (state) (Psychotonusstufe 1–4), situative Gelassenheit (habit) und schließlich auch Gelassenheit als generelle Eigenschaft (trait). Situative Gelassenheit bedeutet, in bestimmten Situationen gelassen zu sein und gelassen bleiben zu können. Gelassen zu sein bedeutet, wörtlich genommen, etwas zu »unterlassen«[1]. Die Grundannahme der Introvision ist, dass Gelassenheit – ob als momentaner Zustand, als situative oder als generelle Eigenschaft – durch die Auflösung innerer Konflikte entsteht. Die Auflösung eines inneren Konflikts lässt sich mit der Auflösung eines Knotens[2] vergleichen: Wenn es gelingt, den Knoten sorgfältig wieder aufzulösen, so läuft die Schnur an der entsprechenden Stelle wieder glatt (▶ Abb. 2.1).

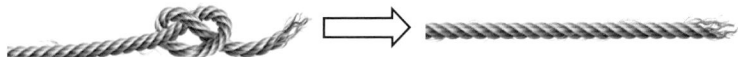

Abb. 2.1: Die Auflösung eines Knotens

So wie ein bestimmter Knoten an einer bestimmten Stelle entsteht – so entstehen innere Konflikte im Zusammenhang mit bestimmten inhaltlichen Kognitionen. Werden die entsprechenden Kognitionen aktiviert, so wird damit auch gegebenenfalls der damit gekoppelte Konflikt aktiviert: Hat jemand zum Beispiel Flugangst, so wird diese Flugangst aktiviert, sobald er oder sie an das Fliegen denkt. Um die situative Gelassenheit in diesem Fall wieder zu gewinnen, ist es erforderlich – so eine Grundannahme der Introvision – den entsprechenden Konflikt aufzulösen. Wie entstehen diese inneren »Knoten«? Was ist es, das im Zustand der Gelassenheit buchstäblich unterlassen wird? Um diese Fragen geht es in diesem Kapitel. Grundlage dafür ist die Theorie der mentalen Introferenz[3], die von der Erstautorin im Rahmen des von ihr geleiteten Langzeitforschungsprogramms auf der Grundlage von weit über 60 empirischen Untersuchungen (▶ Kap. 1.3) entwickelt wurde.

2.1 Eine kurze Übersicht über Theorien der Entstehung von Gelassenheit

»Überaschenderweise hat sich die Psychologie insgesamt sehr wenig mit Gelassenheit befasst« (Floody, 2014, S. 13; Übers. d. Verf.)[4]. Zu diesem Schluss kommt Floody in einer neueren Forschungsübersicht zu Gelassenheit. Floody merkt kritisch an, dass sich die heutige positive Psychologie zwar intensiv mit »happiness«, d. h. glücklich sein, befasst, dass diese »happiness«, gegebenenfalls auch medikamentös unterstützt, nicht in jedem Fall gleichzusetzen ist mit »eudaimonia« (Wohlbefinden, Heiterkeit) als einem Teilaspekt von Gelassenheit. Das Gleiche gilt auch für Flow-Erleben[5], zu dem inzwischen viele Untersuchungen vorliegen. Beide Merkmale können sowohl im Zustand der Gelassenheit (PT-Stufe 1-2) als auch im Zustand hoher Erregung (PT-Stufe 5) auftauchen, wie das Beispiel kreischender Teenager in einem Konzert oder von Menschen etwa in einem Kaufrausch oder mit Spielsucht[6] zeigt. Insofern sind Flow-Erleben und Glück (im Sinne von Heiterkeit, eudaimonia) nach jetzigem Kenntnisstand möglicherweise notwendige, jedoch nicht hinreichende Merkmale des Zustands der Gelassenheit (PT-Stufe 1-2).

Die griechische Philosophie hat sich intensiv mit der Frage der Entstehung der »Ruhe der Seele« befasst. Cicero schrieb dazu vor zweitausend Jahren:

> »Wie man die Ruhe des Meeres daran erkennt, dass nicht der kleinste Lufthauch die Fluten bewegt, so sieht man den ruhigen und friedlichen Zustand der Seele daran, dass keine Leidenschaft (pathos) da ist, die ihn zu stören vermöchte«[7].

Gelassenheit entsteht durch die Abwesenheit von Leidenschaften im Sinne von pathos, Affekt, Gemütswallung[8], wie z. B. Hass, Gier, Angst oder auch Eifersucht. (»Eifersucht ist eine Leidenschaft, die mit Eifer sucht, was Leiden schafft.« [Grillparzer, 1830]) Ein herausragendes Merkmal solcher Leidenschaften sind die mit ihnen verbundenen Affekte. Das Wort Affekt stammt aus dem Lateinischen und bedeutet, wörtlich genommen, »etwas hinzumachend, hinzufügend« (von »ad« [= hinzu] und »facio«, facere [= machen]). Was im Zustand der Leidenschaft, des Affekts »hinzugefügt« wird, ist erhöhte Erregung, dieselbe erhöhte Erregung, die den Zustand eines akuten Konflikts kennzeichnet. Insbesondere die Stoiker haben sich intensiv mit der Entstehung von Leidenschaft befasst. Von dem Begründer der Stoa,

2.1 Eine kurze Übersicht über Theorien der Entstehung von Gelassenheit

Zenon d. Ä., ist dazu ein einziger Satz immerhin über inzwischen zweieinhalbtausend Jahre überliefert: »Leidenschaft ist eine von der rechten Einsicht abgewandte naturwidrige Bewegung der Seele.« Dies ist aus heutiger Sicht eine sehr bemerkenswerte Einsicht. Wir werden weiter unten darauf zurückkommen.

In der heutigen Psychologie gibt es eine Vielzahl unterschiedlicher Theorien zur Entstehung innerer Konflikte, so zum Beispiel die Verdrängung von Triebwünschen (Freud), das hartnäckige Festhalten an dysfunktionalen Glaubenssätzen (Ellis[9]), kognitive Widersprüche[10] oder fehlende Handlungsressourcen[11], um nur einige wenige zu nennen[12]. Bei diesen Theorien bleibt in der Regel offen, wie es sich erklären lässt, dass bestimmte Situationen zwar möglicherweise bei vielen, aber nicht bei allen Menschen zu einem Zustand des inneren Konflikts führen. Nach Lazarus & Folkman (1984) kann zum Beispiel das Fehlen von Handlungsressourcen in bedrohlichen oder gefährlichen Situationen zu Stress und damit zu einem inneren Konflikt führen. Aber es gibt Beispiele dafür, dass es manchen Menschen gelingt, auch in Extremsituationen gelassen und angstfrei zu bleiben, wie der Bericht eines Mannes zeigt, der fünf Tage als Geisel in dem von Terroristen nach Mogadischu entführten Flugzeug gefangen war und diese Zeit angstfrei überstand[13]. Die Frage ist, wie sich die Entstehung von Gelassenheit in solchen Situationen erklären lässt.

Einen entscheidenden Grund für das Fehlen einer allgemeinen Theorie der Entstehung von Konfliktzuständen sieht Grawe[14] darin, dass das heute in der Psychologie verwendete Grundmodell der mentalen Selbstregulation[15] bedauerlicherweise keinen Ansatzpunkt dafür bietet, die Entstehung innerer Konflikte in diesem Rahmen zu erklären.

2.2 Eine kurze Übersicht über die Theorie der mentalen Introferenz

Ziel der Entwicklung der Theorie der mentalen Introferenz (TMI) war und ist es, diese Lücke zu schließen[16] – und damit eine allgemeine, psychotherapieschulen-übergreifende Theorie der Entstehung und Auflösung innerer Konflikte zu entwickeln. Das Wort Theorie kommt aus dem Griechischen und bedeutet ursprünglich so viel wie »sehen, betrachten, (an)schauen«. Grundlegende Annahme der TMI ist, dass die unmittelbare Ursache innerer Konflikte nicht in der Handlungsregulation selber, sondern im Prozess der Informationsverarbeitung zu suchen ist, die die Informationen für die Handlungsregulation liefert.

Die Kernthese lautet, dass innere Konflikte durch Introferenz, d. h. durch das introferente Eingreifen in die eigene laufende Informationsverarbeitung entstehen. Verringert sich das Ausmaß der Introferenz in den momentan aktivierten Kognitionen, nimmt die Gelassenheit wieder zu. Der Prozess der Introferenz ist damit das, was den »Knoten«, d. h. den inneren Konflikt erzeugt. Hört die Introferenz an der betreffenden Stelle wieder auf, läuft die Informationsverarbeitung an dieser Stelle wieder glatt.

Der Begriff der Introferenz

Das Wort Introferenz stammt aus dem Lateinischen (von intro-fero, introferre hineintragen) und bedeutet so viel wie »hineintragend«. Als Introferenz wird hier der Prozess des introferenten (»hineintragenden«) Eingreifens in die eigene Informationsverarbeitung bezeichnet. Eingreifen bedeutet laut Duden (1989) »dazwischen gehen, sich einmischen«. Introferenz beginnt in dem Moment, in dem aktivierte subjektiv gültige (wahr, richtig, zutreffende) Informationen durch »hineingetragene« ungültige (falsche, verzerrte, verdrehte) Informationen überschrieben werden. Im Alltag kennen wir viele

2.2 Eine kurze Übersicht über die Theorie der mentalen Introferenz

Beispiele für ein solches introferentes Eingreifen: sich etwas vormachen, einbilden, einreden, etwas nicht wahrhaben wollen, Dinge übertreiben, bagatellisieren, sich Illusionen machen und so weiter und so fort. Überschrieben werden können unterschiedliche Arten von Kognitionen: Wahrnehmungen, Gefühle, Gedanken, Erinnerungen, körperliche Empfindungen, Emotionen, Absichten, Pläne, Ziele, Intuitionen etc.

Das erste introferente Eingreifen an einer bestimmten Stelle in der eigenen Informationsverarbeitung

Das Überschreiben beginnt damit, dass wir uns die introferenten (hineinzutragenden) Kognitionen imperieren (von lat. sibi imperare).

Sich diese zu imperieren heißt, dass wir uns die introferenten, d. h. hineinzutragenden Kognitionen gewissermaßen selber befehlen, wir drängen sie uns selber auf, wir setzen uns selber unter Druck, wir versehen sie mit einem inneren Ausrufezeichen (»Mach endlich hin, zieh dir die Sportschuhe an und lauf los!«, »Das muss man so sehen und nicht anders!« oder auch »Die anderen müssten endlich mal ...!«). Der damit verbundene innere Druck, das Gefühl von Dringlichkeit (»urgency«), der Selbstalarm kann im Ausmaß stark variieren – von einem leichten Windhauch bis hin zu einem starken Sturm. Anfangs geschieht diese Koppelung bestimmter Kognitionen mit erhöhter Erregung und Anspannung willentlich, – mit zunehmender Gewohnheit (Habitualisierung) erfolgt sie gewohnheitsmäßig (unwillkürlich) und schließlich automatisch, gegebenenfalls auch gegen den eigenen Willen; dann sprechen wir im Alltag davon, wie schwer es uns fällt, den »inneren Schweinehund« zu überwinden.

Es empfiehlt sich, sich den Prozess des Sich-etwas-Imperierens in sich selber anzuschauen, um einen Begriff davon zu bekommen, wie dieser innerlich abläuft. Voraussetzung dafür ist die Fähigkeit, diesen Prozess konstatierend aufmerksam zu betrachten (▶ Kap. 3).

Gleichzeitig werden beim sich Imperieren introferenter (»hineingetragener«) Kognitionen die diesen (d. h. den hineingetragenen)

Kognitionen widersprechenden, gültige Kognitionen ausgeblendet, ignoriert, unterdrückt, verdrängt und deren Weiterverarbeitung wird gehemmt. Auch dieser Prozess lässt sich, mit einiger Erfahrung, in sich selber konstatierend wahrnehmen.

Imperieren und Ausblenden sind gewissermaßen zwei Seiten derselben Medaille – die »Medaille« ist in diesem Fall der Prozess der Introferenz. Dieses introferente Eingreifen unterbricht den Fluss (»Flow«) der Infomationsverarbeitung und geht einher mit dem Einengen der Aufmerksamkeit. Daraus ergeben sich insgesamt vier Teilprozesse des introferenten Eingreifens (▶ Kasten »Introferenz«).

Introferenz
Das primäre Eingreifen
Beim *ersten* introferenten Eingreifen an einer bestimmten Stelle in der eigenen Informationsverarbeitung laufen folgende Prozesse gleichzeitig ab:

1. **Unterbrechen** der laufenden Informationsverarbeitung,
2. **Einengen** der Aufmerksamkeit,
3. **Hineintragen** von ungültigen (falschen, verdrehten) Kognitionen,
4. **Überschreiben** von gültigen durch diese ungültigen Kognitionen durch
5. **Imperieren**: sich die ungültigen Kognitionen imperieren und diese mit erhöhter **Erregung und Anspannung** koppeln und
6. **Ausblenden:** die entsprechenden gültigen Kognitionen ignorieren und deren Weiterverarbeitung **hemmen,**
7. **Fortführen** der Informationsverarbeitung auf der Basis der **imperierten** Kognitionen.

Das sekundäre Eingreifen
Beim *erneuten* (zweiten, dritten...) Eingreifen an derselben Stelle können ggf. auch gültige Kognitionen sich imperiert und ungültige Kognitionen damit überschrieben werden.

2.2 Eine kurze Übersicht über die Theorie der mentalen Introferenz

Das wiederholte Eingreifen an derselben Stelle

In vorhandene Introferenz kann erneut, d. h. zum zweiten, dritten und auch vierten Mal in dieselben Kognitionen eingegriffen werden. Das geschieht besonders dann, wenn das introferente Eingreifen an einer bestimmten Stelle zur Gewohnheit wird und schließlich automatisch abläuft. Dieses sekundäre Eingreifen kann so aussehen, dass wir neue gute Vorsätze fassen, uns selbst zusammenreißen, unter Druck setzen und überwinden – oder auch zu etwas hinreißen lassen, dem »inneren Schweinehund« nachgeben und mit schlechtem Gewissen Dinge tun, die wir eigentlich nicht tun wollen. Eine Folge des wiederholten sekundären Eingreifens ist, dass auf diese Weise Schichten über Schichten von Imperierungen und gleichzeitigen Blockierungen entstehen, die mit zunehmender Erregung, Anspannung und Hemmung verbunden sind. Auf diese Weise entstehen – um auf Ciceros Bild zurückzugreifen – zunehmend höhere Wellen, das heißt zunehmend stärkere Affekte und schwieriger zu überwindende mentale Blockaden. Das sind dann die hartnäckigen inneren Konflikte, um deren Auflösung es bei der Introvision geht. Ziel der Introvision ist es, die Wurzel des Konflikts (das erste Überschreiben) zu finden und das automatische[17] introferente Eingreifen an dieser Stelle *als Automatismus* zu löschen – und so die innere Gelassenheit an dieser Stelle (situative Gelassenheit) wiederzugewinnen.

Cicero sprach davon, dass die Entstehung von Leidenschaft vergleichbar ist mit dem Wind, der die Ruhe der Fluten des Meeres aufstört. So wie der Wind zunächst kleinere Wellen erzeugt, aus denen dann durch weiteres Eingreifen von Winden aus unterschiedlicher Richtung schließlich turmhohe Wellen werden können, so können – aus Sicht der TMI – aus dem ersten introferenten Eingreifen an einer bestimmten Stelle schließlich große, affektiv aufgeladene, zugleich mit starken mentalen Blockaden verbundene Konflikte werden (PT-Stufe 7, die »dicken Klöpse«[18]).

Das Entstehen und Aufhören von innerer Unruhe lässt sich, grob vereinfacht, in fünf Schritten veranschaulichen.

2 Was es ist, das im Zustand der Gelassenheit unterlassen wird

Das hineintragende Eingreifen: die Wurzel der Nicht-Gelassenheit

1: Die See ist still und glatt, der Himmel ist windstill und klar – der Zustand der Gelassenheit, in dem die mentalen Prozesse weitgehend ungestört ablaufen.

2: Wind kommt auf, Wolken ziehen auf, die See wird unruhig, die Wellen nehmen zu, im Meer wird Geröll hochgewirbelt und die Fische werden gestört – der Zustand zunehmender Nicht-Gelassenheit.

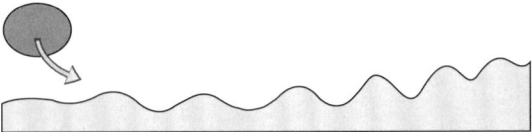

3: Der Wind wird stärker und bläst aus wechselnden Richtungen – die innere Unruhe wächst, die Verwirrung nimmt zu.

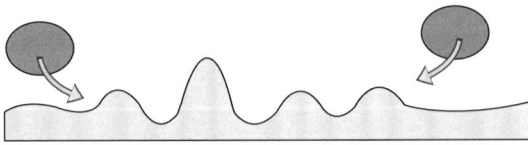

4: Der Wind hört auf, die Wolken schwinden, der Himmel ist wieder klar – und die innere Unruhe nimmt allmählich ab.

5: Das Meer ist wieder still und glatt – die Seelenruhe, die Gelassenheit ist wieder hergestellt.

Der Wind, der das Meer aufwühlt, das ist der Prozess des hineintragenden Eingreifens. Wenn im Folgenden vom Eingreifen die Rede ist, so ist damit stets das introferente, »hineintragende« Eingreifen gemeint.

Im Folgenden soll die Theorie der mentalen Introferenz ausführlicher dargelegt werden[19]. Zunächst geht es um ein Gedankenexperiment (▶ Kap. 2.3), dann um allgemeine Grundlagen der TMI (▶ Kap. 2.4), die Entstehung höherer Wellen (▶ Kap. 2.5 bis hin zum »Auge des Wirbelsturms« und wie der Sturm wieder aufhören kann (▶ Kap. 2.6).

2.3 Das erste introferente Eingreifen an einer bestimmten Stelle: Der Wanderer – ein Gedankenexperiment

Was passiert, wenn der Zustand tiefer Gelassenheit durch Introferenz, d. h. durch einen inneren Konflikt durchbrochen wird? Dieser Frage werden wir hier anhand eines Gedankenexperiments nachgehen. Der Vorteil eines Gedankenexperiments liegt darin, dass wir uns eine hypothetische Versuchsperson »basteln« können, in die wir beliebig »hineinschauen« können – und, anders als in der Realität, kann diese hypothetische Versuchsperson dieselbe Situation zweimal durchlaufen: einmal ohne (Variante 1) und einmal mit innerem Konflikt (Variante 2).

Wir stellen uns dazu einen Wanderer vor, der in tiefer Gelassenheit durch die Berge wandert bis er an eine unbekannte Wegkreuzung kommt und feststellt, dass er nicht weiß, welchen Weg er nehmen soll. In Variante 1 bleibt er gelassen, in Variante 2 gerät er in einen inneren Konflikt, den er schließlich wieder auflöst.

2 Was es ist, das im Zustand der Gelassenheit unterlassen wird

Ausgangspunkt: »Wandern im Zustand tiefer Gelassenheit«

Wie es unserem Wanderer in Phase 1 geht, veranschaulicht der folgende Bericht von einem Neuseeländer, der bei einem Urlaub in der Schweiz den außergewöhnlichen Bewusstseinszustand absoluter innerer Ruhe (PT-Stufe 1) erlebte und darüber anschließend einen ausführlichen Bericht verfasst hat, aus dem hier ein kurzer Ausschnitt zitiert werden soll.

»Als ich die Wiese am Fuß des Bergpfades betrat, war es, als ob ich im Wunderland war. Da war diese außergewöhnliche Vielfalt von Geräuschen, die die Insekten im Gras von sich gaben, da war eine erstaunliche Vista von Aussichten und Farben. Ich konnte alle möglichen Arten von Insekten, Fliegen, Bienen usw. identifizieren, die im Gras herumflogen, und ich konnte die wunderbarsten Ansichten sehen und die wunderbarsten Töne hören. Es war wie der Himmel auf Erden. Ich wusste in dem Moment, was Schönheit ist und ich wusste auch, was Liebe ist. Ich war in einem außerordentlichen Zustand der Zeitlosigkeit. (...) Meine Bewegungen kamen mir weder schnell noch langsam vor, sondern alles schien genau in der richtigen Geschwindigkeit zu geschehen. Ich kam an einem kleinen Baum vorbei und ich empfand eine außergewöhnliche Zärtlichkeit für diesen Baum, so wie Eltern gegenüber ihrem Kind.«[20]

Der Zustand tiefer Gelassenheit ist geprägt durch eine große Weite der Aufmerksamkeit, eine außerordentliche Vielfalt von Sinneseindrücken, eine offene Weite des Schauens und Hörens und Spürens verbunden mit Heiterkeit und großem Wohlbefinden, tiefen Einsichten und gelassenem Handeln (»meine Bewegungen (...) schienen genau in der richtigen Geschwindigkeit zu geschehen«). Dies zeigt eindrucksvoll, welches Potential – im Vergleich zur Alltagserfahrung – in uns Menschen steckt und wie leistungsfähig unser »mentaler Apparat« im Zustand tiefer innerer Ruhe ist.

Die mentalen Prozesse, die hier beschrieben werden, umfassen eine Vielzahl unterschiedlicher Kognitionen: Aufmerksamkeit, Wahrneh-

2.3 Das erste introferente Eingreifen an einer bestimmten Stelle

mungen, Bewusstsein, Gefühle, Emotionen, Gedanken, Erinnerungen, körperliche Empfindungen, Handlungen etc. Der Begriff der Kognition stammt von dem lateinischen Wort cognitio ab und bedeutet ursprünglich etwas kennenzulernen und zu erkennen, sowohl durch die Sinne (Wahrnehmung) als auch gedanklich-abstrakt[21]. In diesem Sinne sind auch körperliche Empfindungen, Gefühle und Ahnungen ebenso wie Gedanken und Erinnerungen an das, was erlebt wurde, sowie Pläne, Absichten und Kognitionen. Alle diese unterschiedlich enkondierten Kognitionen und kognitiven Prozesse lassen sich unter dem Begriff der Informationsverarbeitung zusammenfassen[22].

Da die meisten von uns einen solchen außergewöhnlichen Zustand nur selten erleben, sei als zweites ein Beispiel für Versunkenheit und Flow-Erleben angefügt (Psychotonusstufe 2), das im Alltag häufiger auftaucht, z. B. bei der Arbeit, beim Hobby oder auch in der Liebe. Der folgende Bericht bezieht sich auf Flow-Erleben beim Segeln.

»Das Boot lief wie an der Schnur. Trotz sehr starker und abrupt einfallender Böen hatte ich es vollkommen unter Kontrolle, ich war wie verwachsen mit ihm. Die Grenze zwischen meiner Haut und dem Boot war aufgehoben, wir waren eine Einheit. Jeder Handgriff passte, fühlte sich gut an und machte das Boot schneller und schneller. Kein Fehler, kein ungutes Gefühl, es war, als ob ich mit dem Boot den Wind spüren konnte und meine Sinne so erweitert waren, dass ich alles Geschehen auf dem Wasser schon im Voraus wahrnehmen konnte. Obwohl ich in diesem Geschehen vollkommen aufgegangen war, zeichnete sich jeder Moment durch außergewöhnliche Ruhe, Klarheit und Einfachheit aus.«[23]

Im Unterschied zum normalen Alltag (Psychotonusstufe 4-5) ist der Zustand tiefer Gelassenheit geprägt durch eine große Weite des Bewusstseins, eine große Vielfalt der Sinneseindrücke, einer sehr raschen, »glatt laufenden« Verarbeitung einer großen Menge an Informationen, auf deren Basis das eigene Handeln mühelos und weitgehend subjektiv optimal gesteuert wird.

2 Was es ist, das im Zustand der Gelassenheit unterlassen wird

Eine unbekannte Wegkreuzung: nicht wissen, welcher Weg der richtige ist

Schließlich gelangt unser Wanderer an eine unbekannte Wegkreuzung. Er bleibt stehen und stellt fest, dass er nicht weiß, welchen Weg er einschlagen soll, um wieder nach Hause zu kommen. In diesem Fall gibt es zwei Möglichkeiten. Er kann heiter und gelassen bleiben – oder in einen Konfliktzustand geraten.

Variante 1: Gelassen bleiben

In diesem Fall nimmt er gelassen-konstatierend wahr, dass er nicht weiß, ob er nach rechts oder nach links gehen soll und tut dann das, was wir Menschen üblicherweise in solchen Situationen tun, nämlich die Situation zu untersuchen. Er schaut sich also um, schaltet sein Handy ein (kein Netz), sucht nach einem Wegweiser, läuft ein wenig hin und her und kommt dann zum Ergebnis, dass er nach wie vor nicht weiß, welchen Weg er nehmen soll. Er nimmt dies konstatierend-weitgestellt wahr (▸ Kap. 3). Er weiß auch, dass es sein kann, dass er sich verspätet, was ihm etwas unangenehm wäre. Schließlich wählt er auf gut Glück einen der beiden Wege aus. Er rät einfach, welcher Weg der richtige sein könnte (»rechts«), wendet sich nach rechts und wandert gelassen weiter, wohl wissend, dass es sein kann, dass er den falschen Weg gewählt hat.

Variante 2: Ein Konfliktzustand entsteht: der Beginn von Introferenz

In diesem Fall läuft alles genauso ab wie in Variante 1, bis hin zu dem Punkt, an dem der Wanderer auf gut Glück einen der beiden Wege ausgesucht hat, und zwar den Weg nach rechts. Ab dem Moment reagiert der Wanderer anders als zuvor. Als außenstehende Beobachter und Beobachterinnen sehen wir, dass er sich plötzlich einen kleinen Ruck gibt, sich energisch nach rechts wendet und dann deutlich angespannter und hastiger als zuvor weiterwandert.

2.3 Das erste introferente Eingreifen an einer bestimmten Stelle

Der Grund dafür ist – aus introferenztheoretischer Sicht – dass er in dem Moment damit begonnen hat sich zu imperieren: »Der Weg nach rechts ist der richtige Weg!« Mit diesem Satz beginnt er, die nach wie vor vorhandene gültige Erkenntnis »Ich weiß nicht, welcher Weg richtig ist«, zu überschreiben. Das beinhaltet zweierlei: er redet sich ein, dass das einfach der richtige Weg sein muss, seine Erregung (Adrenalin) steigt, seine Anspannung auch und gleichzeitig versucht er die - nach wie vor vorhandene – Erkenntnis, dass er nicht weiß, ob das der richtige Weg ist, auszublenden, zu unterdrücken und abzuwerten. So drehen sich seine Gedanken eine Zeitlang im Kreis, bis er sich energisch dazu zwingt, nicht mehr darüber nachzudenken, was ihm auch eine Zeitlang ganz gut gelingt. Stattdessen suggeriert er sich diesen Satz »Das ist der richtige Weg!«, so lange, bis er ihn selber (fast) zu glauben beginnt.

In dem Moment, in dem das Überschreiben beginnt, ist der Flow-Zustand der Informationsverarbeitung (sehen, hören, spüren) unterbrochen und seine Aufmerksamkeit engt sich ein, das heißt, er nimmt die Schönheit der Umgebung kaum noch wahr, seine Stimmung sinkt. Um das zu übertönen, beginnt er nach einem Weilchen, aufgesetzt fröhlich vor sich hin zu pfeifen.

Den Konfliktzustand beenden und die innere Gelassenheit wiederfinden

Was kann unser Wanderer tun, um in dieser Situation wieder gelassen zu werden? Wir setzen unser Gedankenexperiment fort und stellen uns vor, dass unser Wanderer, der die Methode der Introvision gelernt hat, nach ein paar Minuten merkt, was hier geschehen ist. Er stellt seine Aufmerksamkeit, wie er es geübt hat (▸ Kap. 3) wieder weit, das heißt, er nimmt wieder bewusst die Landschaft um sich herum, den Himmel über sich und den Boden unter sich wahr, lauscht dem Zwitschern der Vögel, spürt in seinen Körper hinein und in den Raum um den Körper herum und er nimmt auch seine Gedanken konstatierend wahr. Dabei taucht sehr schnell der Imperativ auf (»So muss es sein: Rechts ist der richtige Weg!« Darunter liegt die überschriebene (und zeitweise ausgeblendete) Erkenntnis: »Ja, es kann sein, dass das der falsche Weg ist.« Er nimmt diesen Satz weitgestellt aufmerksam konstatierend wahr; nach ein paar Minuten lässt die Anspannung nach – er wird wieder ruhig und wandert gelassen weiter.

Anmerkung: Bei unserem Gedankenexperiment handelt es sich – zu Lehrzwecken – um einen einfachen, kleinen, imperativisch nur geringfügig aufgeladenen inneren Konflikt, der innerhalb kurzer Zeit aufgelöst ist. Aufgelöst ist dieser Konflikt in dem Moment, indem der Prozess des introferenten Eingreifens aufhört. Bei größeren, imperativisch stark aufgeladenen oder mit starken Blockierungen verbundenen Konflikten kann das Beenden der Introferenz unter Umständen länger dauern (▶ Kap. 5).

2.4 Die Theorie der mentalen Introferenz (TMI) – eine Übersicht

Die wichtigsten Grundannahmen der TMI sind:

1. Introferenz entsteht an einer bestimmten Stelle in der Informationsverarbeitung mit dem Überschreiben gültiger durch ungültige (falsche, verdrehte, verzerrte) Informationen. Dieses erste Überschreiben beinhaltet vier Prozesse gleichzeitig: (1) den Informationsverarbeitungsprozess zu unterbrechen, (2) die Aufmerksamkeit einzuengen, (3) die »hinzutragenden« (= introferenten) ungültigen Informationen sich zu imperieren, d. h. sich aufzudrängen, sich dringlich zu machen und diese zu diesem Zweck mit erhöhter Erregung und Anspannung zu koppeln und (4) gleichzeitig dazu in Widerspruch stehende gültige Informationen auszublenden und deren Weiterverarbeitung zu hemmen. Auf diese Weise entsteht ein Zustand des inneren Konflikts an dieser Stelle, der andauert, (1) so lange die entsprechenden Kognitionen aktiviert sind und (2) so

2.4 Die Theorie der mentalen Introferenz (TMI) – eine Übersicht

lange das introferente Eingreifen andauert. Wird die entsprechende Kognition deaktiviert, entschwindet der Konflikt aus dem Bewusstsein, bleibt aber latent vorhanden.
2. Das introferente Eingreifen kann kontrolliert, d. h. willentlich erfolgen, und es kann auch gewohnheitsmäßig oder automatisch ablaufen. Ziel der Introvision ist es, insbesondere das gewohnheitsmäßige oder auch automatische Eingreifen an der entsprechenden Stelle zu beenden. Wenn also jemand sagt, dass er oder sie sich bei dem Anblick einer bestimmten Person automatisch ärgert oder, dass der Gedanke an ein bestimmtes Ereignis unwillkürlich Angst auslöst, dann handelt es sich um automatisches Eingreifen. Ziel der Introvision ist es, diesen Automatismus als *Automatismus* zu löschen – und so die Fähigkeit zurückzugewinnen, auf den Anblick des Kollegen gelassen reagieren zu können.
3. In einen vorhandenen Konfliktzustand kann erneut, d. h. sekundär und ggf. auch tertiär eingegriffen werden. So kann sich die Person im obigen Beispiel fest vornehmen, sich beim nächsten Mal zu imperieren (»Bleib ruhig!«) und den automatischen Ärger sekundär auszublenden, d. h. zu unterdrücken (natürlich steigt der Blutdruck trotzdem an). Andererseits kann sie oder er sich auch imperieren: »Ich muss mich richtig aufregen, ich darf mir nichts gefallen lassen«, oder »Er muss endlich einsehen, dass es so nicht weitergehen kann!« (▶ Kap. 4.3). Auf diese Weise können komplexe Konflikte entstehen. Ziel der Introvision ist es, solche komplexen Konflikte zu entwirren und dabei bis auf den Kernkonflikt zurückzugehen (▶ Kap. 5) und diesen aufzulösen.
4. Einen Konflikt aufzulösen bedeutet, das (kontrollierte, gewohnheitsmäßige, automatische, unter Umständen mehrfache) Überschreiben gültiger Kognitionen zu beenden und so wieder gelassen handeln zu können.

2 Was es ist, das im Zustand der Gelassenheit unterlassen wird

> **Alltagsbeispiele für Introferenz**
> Im Alltag kennen wir viele Formen des introferenten Eingreifens, zum Beispiel:
>
> - sich etwas einzureden, sich etwas vorzumachen, sich etwas einzubilden;
> - vor etwas die Augen zu verschließen, etwas nicht wahrhaben zu wollen;
> - bestimmte Dinge zu übertreiben, aufzubauschen und zu dramatisieren und andere Dinge abzuwerten, herunterzuspielen, zu bagatellisieren;
> - sich die Welt schön zu gucken oder sie sich schwarz zu malen
> - etwas zu stark zu verallgemeinern;
> - etwas zu katastrophisieren oder dieses euphorisch zu bejubeln;
> - sich Illusionen zu machen, die Realität zu verkennen, sich zu täuschen;
> - sich selber in die Tasche zu lügen;
> - hartnäckig und wider besseres Wissen an bestimmten Einstellungen, Ideen, Vorurteilen, Dogmen festzuhalten;
> - und vieles mehr.

Überschreiben

In der analogen Welt lässt sich das introferente Überschreiben mit Überschreiben von Nachrichten auf Papier vergleichen. Wenn es gilt, eine handschriftliche Notiz auf Papier zu überschreiben, so wird die zweite, widersprechende Nachricht – beispielsweise mit Hilfe eines dicken schwarzen Filzstiftes – deutlich größer, »fetter« und mit mehr Druck darübergeschrieben. Dieser Schriftzug signalisiert dem Leser und der Leserin, »Bitte verwende die zweite Nachricht und ignoriere das, was darunter steht«. In gleicher Weise verfährt man beim mentalen Überschreiben, Übermalen, Übertönen, Übertünchen: Das, was »darübergelegt« wird, wird dadurch markiert, dass man diesem etwas[24] hinzufügt – kräftigere Farben, stärkere Konturen, größere Lautstärke.

2.4 Die Theorie der mentalen Introferenz (TMI) – eine Übersicht

Beim introferenten Eingreifen wird – so wie beim Überschreiben auf Papier – etwas hineingetragen (unrichtige, ungültige, unstimmige Gedanken, Gefühle, Erinnerungen, Absichten, Handlungen[25]) und dieses wird durch Hinzufügen von Erregung und Anspannung gewissermaßen »dicker und fetter« geschrieben; gleichzeitig wird etwas anderes (die ursprünglich richtige, zu überschreibende Nachricht, das Gefühl, die Absicht, das Bild etc.) ignoriert und blockiert durch Anspannung, Hemmung und Einengen der Aufmerksamkeit.

In der digitalen Welt lässt sich der Prozess des Überschreibens mit der digitalen Bildbearbeitung vergleichen, bei der beispielsweise ein Foto von einem faltenreichen älteren Menschen so lange nachbearbeitet wird, bis daraus ein strahlender, jugendlich aussehender Mann geworden ist – oder auch umgekehrt. Die Gemeinsamkeit liegt darin, dass das ursprüngliche Foto, das übermalt, überarbeitet und gleichzeitig verfälscht wird, dabei in der Regel weiterhin »unterhalb« der Überarbeitung erhalten bleibt und sich potentiell wieder »ausgraben« lässt. Filter, Korrekturen, Retuschen und ggf. Masken werden auf einzelnen Ebenen nach einander dem Bild hinzugefügt, während – bei der non-destruktiven Bildbearbeitung – das Originalfoto erhalten bleibt. Es liegt als unterste Ebene noch vor. Ebene für Ebene bzw. Schicht für Schicht lassen sich die Bearbeitungsschritte zurückverfolgen.

Das Originalfoto ist vergleichbar mit dem, was hier als subjektiv epistemisch gültige Kognitionen bezeichnet wird. Epistemisch gültige Kognitionen sind das Ergebnis unserer epistemischen Kompetenz[26]. Ziel unserer epistemischen Kompetenz ist es, die Welt soweit als möglich – und innerhalb der Grenzen unserer beschränkten Fähigkeit – einigermaßen adäquat zu erfassen. Dazu gehört auch die Fähigkeit, zu erkennen, was ich weiß (z. B. »Ich habe das gesehen«), und was ich nicht weiß.

Worin eingegriffen wird: in die subjektiv gültige Erkenntnis »so ist es«. Das epistemische Informationsverarbeitungssystem (EPiS)

Das Wort epistemisch (von gr. epistéme) bedeutet wissen, erkennen, im Sinne von »so ist es«. Das epistemische Informationsverarbeitungssystem (EPiS, s. Wagner, 2019), umgangssprachlich ausgedrückt unser »mentaler Apparat«, bedient sich vieler unterschiedlicher (Sinnes-)»Kanäle«, um herauszufinden, »was ist« und auf dieser Basis unser eigenes Handeln zu steuern. Am Beispiel des Neuseeländers (s. oben): Dieser *fühlt* sich wohl, *empfindet* Entzücken und Zärtlichkeit, *denkt* über sein Gefühl von Zeitlosigkeit nach, er *nimmt* sich *vor*, einen Spaziergang zu machen und *steuert* laufend *sein eigenes Handeln* (z. B. ›jetzt stehen bleiben‹). Fühlen, spüren, denken, hören sind unterschiedliche Formen des Erkennens dessen »was ist« – ›das spüre ich‹, ›das weiß ich nicht‹, ›das habe ich vor‹.

Ein Hauptziel des EPiS ist es, ein – soweit als möglich – realitätsangemessenes Bild[27] von der Welt (inklusive dem, was in uns selber abläuft) zu erzeugen. Während es einem Computer, flapsig gesagt, egal sein kann, ob seine Daten mit der Realität übereinstimmen, sind wir Menschen dringend darauf angewiesen, so gut als eben möglich zu erkennen, wie die Realität aussieht. Deshalb werden Kognitionen, die sich als widersprüchlich, unrichtig oder unzutreffend erweisen, normalerweise vom epistemischen System (EPiS) aussortiert und nicht weiter verarbeitet. Übrig bleiben die epistemischen Kognitionen[28], das sind die Kognitionen, die vom EPiS als richtig, gültig, stimmig eingestuft werden[29] und nur diese werden vom epistemischen System weiter verwendet.

Der erste Wind kommt auf: hineingetragene ungültige Kognitionen sich imperieren und gültige Kognitionen damit überschreiben

Beim ersten *hineintragenden (introferenten)* Eingreifen geschieht nun genau das, was das epistemische System normalerweise zu verhindern sucht: Eine als falsch oder unzutreffend eingestufte Kognition wird »hineingetragen« und so behandelt, als ob sie (aus Sicht des EPiS) wahr, zutreffend, richtig wäre. Und genau das ist der Beginn von Introferenz. Um diese ungültige Kognition einigermaßen davor abzusichern, dass das EPiS sie aussortiert, wird sie mit erhöhter Erregung und Anspannung gekoppelt. Gleichzeitig werden die widersprechenden epistemisch gültigen Kognitionen ausgeblendet, ignoriert und deren Weiterverarbeitung gehemmt.

2.4 Die Theorie der mentalen Introferenz (TMI) – eine Übersicht

Mögliche Ausgangspunkte für das introferente Eingreifen: Leerstellen, Widersprüche, Inkongruenzen, Diskrepanzen in unseren Erkenntnissen

Ein möglicher Ausgangspunkt für das introferente Eingreifen kann die Erkenntnis sein, dass in einer bestimmten Situation für die Regulation des eigenen Handelns etwas bestimmtes fehlt: z. B. ein SOLL-Wert (»Wohin will ich?«), ein IST-Wert (»Wo bin ich?«) oder eine Handlung (»Was lässt sich tun?«). Insgesamt lassen sich vier Formen solcher Defaults (▶ Abb. 2.2) unterscheiden: Leerstellen (»ich habe keine Ahnung«), Widersprüche (»beides zusammen geht nicht«), Inkongruenzen (statt des gesuchten richtigen Namens fällt einem nur ein falscher ein) oder eine unaufgelöste bzw. unauflösbare[30] Diskrepanz zwischen IST und SOLL, zwischen dem, was ist und dem, was geschehen soll oder muss[31]. Wie unser Gedankenexperiment mit dem Wanderer gezeigt hat, ist es möglich, auch mit solchen Defaults gelassen und angemessen umzugehen, ohne diese introferent zu überschreiben.

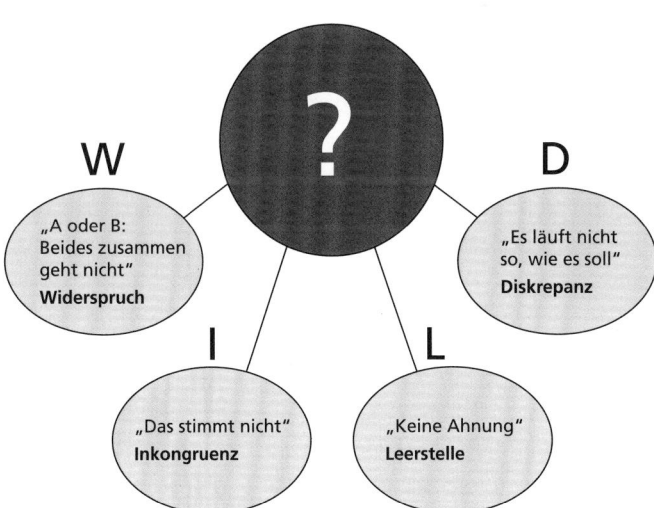

Abb. 2.2: W-I-L-D: vier Arten von Fehlstellen (Defaults), die zum Hängenbleiben der epistemischen Informationsverarbeitung (EPiS) führen.

Das Eingreifen – möglicherweise ursprünglich ein Notfallmechanismus

Aus evolutionärer Sicht lässt sich vermuten, dass das introferente Eingreifen ursprünglich eine Notfalllösung in extremen Situationen gewesen sein könnte – in etwa vergleichbar mit der Notbremse in Eisenbahnzügen. Wenn plötzlich ein Säbelzahntiger auftaucht und unserer Wanderer nicht weiß, ob er besser nach rechts oder nach links weglaufen soll, stehen ihm vielleicht nur Sekundenbruchteile zur Verfügung, zu irgendeinem Schluss zu kommen – und da mag es überlebenstechnisch gesehen von Vorteil gewesen sein, sich irgendetwas (z. B. »lauf nach rechts!«) zu imperieren – um rechtzeitig reagieren zu können.

2.5 Wie die Wellen größer werden: Automatisierung und wiederholtes Eingreifen

Begonnen haben wir in diesem Kapitel mit einem Beispiel des kontrollierten Eingreifens. In der Psychologie bedeutet das Wort kontrolliert, dass man etwas mehr oder weniger bewusst und absichtlich tut – anders ausgedrückt, dass man das, was man tut, auch ggf. unterlassen kann. Vieles tun wir im Alltag bewusst und kontrolliert, z. B. auf die Uhr schauen, aufstehen, jemandem die Hand geben etc. In vielen Fällen imperieren wir uns im Alltag kleine Sollvorstellungen (z. B. »Denk daran, nachher ...!«) und können ggf. auch ebenso problemlos aufhören, uns diese Sollvorstellung zu imperieren, etwa weil sich die Situation inzwischen geändert hat oder weil wir es uns anders überlegen.

Wenn wir uns im Alltag bestimmte inhaltliche Kognitionen regelmäßig imperieren, wird das sich Imperieren dieser Kognitionen zur Gewohnheit und läuft schließlich automatisch ab. (Der Übergang zwischen kontrolliert, gewohnheitsmäßig und automatisch ist ver-

2.5 Wie die Wellen größer werden

mutlich fließend). Wenn jemand zum Beispiel gerade umgezogen ist in eine neue Wohnung, dann kann es passieren, dass sie oder er gewohnheitsmäßig nach links greift, um das Licht im Flur einzuschalten – obwohl sich der Schalter in der neuen Wohnung rechts befindet.

Noch schwieriger wird es, wenn dieses introferente Eingreifen an einer bestimmten Stelle *automatisch* mit stark ansteigender Erregung und Anspannung und zugleich mit starker Hemmung verbunden ist. Im Alltag spüren wir das, wenn beispielsweise schon der Gedanke an einen heftigen Streit oder die Erinnerung an eine kränkende Bemerkung dazu führt, dass wir uns unwillkürlich anspannen und der Blutdruck in die Höhe schnellt[32]. Oder aber, dass wir in bestimmten Situationen schüchtern und gehemmt reagieren und vor lauter Aufregung anfangen zu stottern.

Erneutes, sekundäres introferentes Eingreifen an derselben Stelle in der internen Informationsverarbeitung

Im Alltag versuchen wir häufig, die Folgen des gewohnheitsmäßigen oder automatischen Eingreifens durch erneutes Eingreifen *in dieselben Kognitionen* zu bekämpfen. Wir fassen zum Beispiel einen guten Vorsatz und imperieren uns dann diesen neuen Vorsatz, um ihn auf diese Weise intern gegen konkurrierende Imperierungen erfolgreich durchzusetzen. Unser Wanderer, der sich inzwischen angewöhnt hat, in Entscheidungssituationen siegessicher aufzutreten, verliert eines Tages dadurch fast seinen Job und nimmt sich vor, nie wieder selbstherrlich aufzutreten. Bei diesem zusätzlichen, sprich sekundären Eingreifen, wird der neue Imperativ (»nie wieder!«) über den vorhandenen ersten Imperativ (»Tue so, als ob du es weißt!«) darübergelegt und dabei selektiv mit deutlich höherer Erregung und Anspannung gekoppelt, um ihn intern erfolgreich gegen den vorhandenen Imperativ durchsetzen zu können. Gleichzeitig wird der ursprüngliche Kernimperativ mit Hilfe von selektiver Anspannung gehemmt und blockiert. Wenn er zum Beispiel in einer Sitzung vor Wut aufspringen möchte (Imperativ 1: »Das darf doch nicht wahr sein...!«) und sich dann zusammenreißt (Imperativ 2 »Ruhig bleiben!«) und tatsächlich sitzen bleibt, dann werden die entsprechenden Muskeln (»Aufspringen!« »Sitzen bleiben!«) selektiv angespannt bzw. gehemmt. Der zweite, sekundär hineingetragene Imperativ kann – je nach Situation – epistemisch gültig sein oder auch nicht. In Situationen, in denen diplomatisches Auftreten erforderlich ist, hat unser Wanderer jetzt deutlich mehr Erfolg als zuvor – in anderen dafür eher weniger. Entscheidend ist, dass durch das sekundäre Eingreifen zusätzlich weitere epistemisch gültige Erkenntnisse ausgeblendet und blockiert werden; außerdem braucht der Wanderer zusätzliche Energie für die Selbstkontrolle, um weiterhin »cool« zu wirken, und sein Auftreten wird zunehmend angestrengter und weniger flexibel.

Auch das zweite, zusätzliche Eingreifen kann nach vielen Wiederholungen schließlich automatisch ablaufen – dann ist das neue Verhalten für ihn so sehr zur Gewohnheit, zur zweiten Natur geworden, dass es ihm schon kaum mehr auffällt. Erst wenn sein Arzt ihm angesichts des zu hohen Blutdrucks dazu rät, es langsamer anzugehen, wird er möglicherweise zum dritten Mal eingreifen und sich diesmal imperieren, sich weniger aufzuregen – ein in vieler Hinsicht situationsangemessener Vorsatz, den innerlich durchzusetzen ihm jedoch verständlicherweise kaum gelingt[33].

Am Beispiel unseres Wanderers zeigt sich, dass aus seiner ursprünglichen situativ tiefen Gelassenheit (PT-Stufe 1-2) beim Wandern schließlich gewissermaßen das Gegenteil geworden ist: eine situativ sehr hohe Konfliktspannung (PT-Stufe 5-7). Um das Ausmaß der eigenen Gelassenheit in bestimmten Situationen zu erfassen, kann das Gelassenheitsbarometer verwendet werden, das von Renate Kosuch im Rahmen eines Forschungsprojekts an der TU Köln entwickelt wurde (▶ Anhang).

Allgemeiner gesagt: In dieselben Kognitionen (Gefühle, Gedanken etc.) kann ein zweites, ein drittes und vielleicht auch ein viertes Mal[34] eingegriffen werden. Ziel dabei ist jedes Mal, einigen negativen Folgen des vorangehenden Eingreifens entgegenzuwirken. So entstehen Schichten über Schichten von Introferenz, von mentalen Blockaden, inneren Konflikten, Hemmungen und Affekten, die mit zunehmender kognitiver Verwirrung, Einengung und Inflexibilität einhergehen.

Zenon

Wie oben bereits erwähnt, ist nach Zenon Leidenschaft das Ergebnis einer »von der rechten Einsicht abgewandten, naturwidrigen Bewegung der Seele«. Die »naturwidrige Bewegung der Seele« besteht aus Sicht der TMI im Überschreiben gültiger durch ungültige (»von der rechten Einsicht abgewandte«), Kognitionen und zwar mit Hilfe der Koppelung dieser ungültigen Kognitionen mit erhöhter Erregung und Anspannung (Affekt) sowie den gültigen Kognitionen mit Hemmungen (Blockaden). Die Fähigkeit des Menschen, das Ausmaß seiner Erregung und Anspannung in bestimmten Situationen zu erhöhen (z. B. beim Bäume fällen) wird hier zweckentfremdet eingesetzt, um den Ablauf der mentalen Informationsverarbeitung gewissermaßen »naturwidrig« zu verbiegen.

2.6 Das »Auge des Wirbelsturms« und wie der Wirbelsturm sich wieder beruhigt: das KAW als die Grundlage der Introvision

Ziel der Introvision ist es, diese verschiedenen Schichten von (automatisierter) Introferenz insgesamt abzutragen und so den Grund wieder freizulegen: die epistemischen Kognitionen, die beim ersten Eingreifen an dieser Stelle überschrieben wurden. Wenn dies im Rahmen einer erfolgreichen Introvision geschieht, dann ist es so, als ob man mitten in einem Wirbelsturm das »Auge des Sturms« erreicht: die Person wird nach vorheriger Aufregung und Anspannung mindestens für einen Moment ruhig und still und konstatiert: »Ja, es kann sein, dass das-und-das geschieht« oder auch »Ja, es ist so, das-

und-das ist geschehen« (was nicht geschehen durfte). Wenn dies im Rahmen einer Introvisionsberatung geschieht, dann ändert sich die Stimme, die Art des Sprechens des Klienten oder der Klientin – statt wie zuvor beispielsweise aufgeregt oder verzweifelt oder ängstlich zu sein, wird daraus wieder der Modus des Konstatierens: selbstverständlich, ruhig, gelassen: »Ja, so ist es« (PT-Stufe 3 oder niedriger).

Jahrzehntelange Erfahrungen mit der Introvision lassen vermuten, dass dieser Moment der Stille im Zentrum des Wirbelsturms ein Indikator dafür ist, buchstäblich den »Grund des Konflikts« gefunden zu haben – und die Theorie der mentalen Introferenz erklärt, wieso das so ist.

Was dann zu tun ist, lässt sich ebenfalls aus der Theorie der mentalen Introferenz ableiten – nämlich diese gültige Erkenntnis am Grund des Konflikts »nur« eine Weile weitgestellt, aufmerksam und konstatierend wahrzunehmen[35] (KAW), in anderen Worten: diese Kognitionen

* nicht (noch einmal, zusätzlich) zu überschreiben,
* nicht (erneut, zusätzlich) »Öl ins Feuer zu gießen«, d. h. die innere Erregung und Anspannung (weiter) zu erhöhen,
* die Aufmerksamkeit nicht (weiterhin) engzustellen
* und das, was bislang überschrieben wurde, nicht (mehr länger) auszublenden, wegzuschieben und zu hemmen.

Herwig, Kaffenberger u. a.[36] konnten zeigen, dass nicht-wertendes, offenes Wahrnehmen der momentanen körperlichen Gefühle (»Was spüre ich gerade?«) bereits nach 11 Sekunden zu einer signifikanten Abnahme affektiver Erregung in der Amygdala (u. a. das physiologische Angstzentrum im Gehirn) führen kann.

Im Rahmen der Introvision ist das Ziel des Konstatierenden, Aufmerksamen Wahrnehmens bei akuten inneren Konflikten (PT-Stufe 6) darüber hinaus, die automatische[37] Koppelung von Kognitionen mit physiologischer Erregung, Anspannung und Hemmung[38] zu löschen und so die innere Gelassenheit in den entsprechenden Situationen wieder zu gewinnen. Wie die Untersuchung von Debiec

u. a.[39] gezeigt hat, ist es tatsächlich möglich, eine solche Koppelung eines Stimulus mit Angst bei Ratten aus dem Langzeitgedächtnis zu löschen. Und diese Studie belegt außerdem auch, dass es notwendig ist, bis auf den Kernimperativ zurückzugehen und diesen zu aktivieren, um die Angst von der Wurzel her aufzulösen und zu beenden. Und genau das geschieht bei einer erfolgreichen Introvision.

Introvision lässt sich anwenden auf kleine Mini-Konflikte im Alltag, z. B. das etwas zu starke Anspannen eines Muskels beim Sport, das schnelle Ausblenden einer Wahrnehmung, gewohnheitsmäßige Fehler (z. B. beim Klavierspielen) ebenso wie – am anderen Ende des Spektrums – auf die »dicken Klöpse«[40], die hartnäckigen inneren Konflikte, die Leidenschaften (Cicero) ebenso wie starke mentale Blockaden.

Die Fähigkeit, etwas[41] eine Weile lang aufmerksam, weitgestellt und konstatierend betrachten zu können (KAW) ist ein integraler Bestandteil der Introvision, die es vorab entsprechend einzuüben gilt.

2.7 Zusammenfassung

Grundlage für die Introvision ist die Theorie der mentalen Introferenz (TMI), man könnte auch sagen: die Theorie des hineintragenden Eingreifens in die eigenen mentalen Prozesse. Dieses hineintragende Eingreifen ist – aus Sicht der TMI – die Wurzel innerer Unruhe.

Der Zustand tiefer innerer Ruhe (absolute innere Ruhe, Flow-Erleben) ist ein Zustand heiterer Gelassenheit, großen Wohlbefindens und mühelosen Tuns; in diesem Zustand ist unser mentaler Apparat im Vergleich zum normalen Alltag außerordentlich leistungsfähig. Das introferente Eingreifen beginnt damit, dass die laufenden Informationsverarbeitungsprozesse an einer bestimmten Stelle unterbrochen werden und die Aufmerksamkeit eingeengt wird. Gleichzeitig wird die Leistungsfähigkeit der internen Informationsverarbeitung verringert, weil beim introferenten Eingreifen vorhandene, gültige (als richtig, zutreffend, stimmig eingeordnete) Kognitionen ausgeblendet und durch »introferent hineingetragene«, ungültige (falsche, unzutreffende, unstimmige) Kognitionen (Gefühle, Bilder, Gedanken) überschrieben werden. Um diese introferenten Kognitionen intern gegen die vorhandenen gültigen durchzusetzen, werden sie imperiert: d. h., gewissermaßen mit einem inneren Ausrufezeichen versehen und zugleich mit erhöhter Erregung (Adrenalin) und Anspannung gekoppelt. Gleichzeitig werden die dazu in Widerspruch stehenden gültigen Kognitionen ausgeblendet, ignoriert und deren Weiterverarbeitung gehemmt.

Ein Konflikt entsteht aus Sicht der TMI in dem Moment, in dem an einer bestimmten Stelle in die vorhandene Informationsverarbeitung eingegriffen und epistemisch gültige durch ungültige Kognitionen überschrieben werden. Um den Auswirkungen des introferenten Eingreifens an einer bestimmten Stelle entgegenzuwirken, kann an derselben Stelle mehrfach introferent eingegriffen werden. Das introferente Eingreifen an einer bestimmten Stelle kann zur Gewohnheit werden und schließlich automatisch ablaufen.

Ziel der Introvision ist es, den Prozess der Introferenz an einer bestimmten Stelle in der eigenen Informationsverarbeitung zu beenden – und so die Gelassenheit in der entsprechenden Situation wiederzugewinnen.

3

»Gelassen schauen«: Das Konstatierende Aufmerksame Wahrnehmen

Der nächste Schritt hin zu mehr Gelassenheit, den wir in diesem Kapitel beschreiben[1], ist das Einüben des Konstatierenden Aufmerksamen Wahrnehmens, kurz KAW. KAW bedeutet, die Aufmerksamkeit auf etwas zu richten, ohne in die eigenen Bewusstseinsprozesse (zusätzlich) introferent einzugreifen. KAW ist die Grundlage der Introvision. Darüber hinaus verhilft es in vielen Situationen des Alltags bereits zu etwas mehr Gelassenheit.

Hier geht es nun darum, KAW anhand eines Übungsprogramms praktisch einzuüben und in vielen Situationen anzuwenden. Dieses Übungsprogramm stammt von der Erstautorin[2] und wurde im

3 »Gelassen schauen«: Das Konstatierende Aufmerksame Wahrnehmen

Rahmen des von ihr geleiteten Langzeitforschungsprogramms zur mentalen Selbstregulation (▶ Kap. 1.3) an der Universität Hamburg über viele Jahre entwickelt, mit unterschiedlichen Gruppen vielfach erprobt und empirisch getestet.

Grundlage für das KAW ist eine besondere Form der offenen, weitgestellten und nicht-introferenten Aufmerksamkeit, so wie sie in verschiedenen Ansätzen in der Psychologie beschrieben wird, zum Beispiel als »freischwebende Aufmerksamkeit«[3] (Psychoanalyse) oder als »empathische, wertschätzende und kongruente Aufmerksamkeit« (Gesprächstherapie)[4] und als »offene und nicht-wertende Aufmerksamkeit« in der Tradition der Achtsamkeit[5], um nur einige zu nennen. Anders als bei der Psychoanalyse und bei der Gesprächstherapie, wo der Therapeut oder die Therapeutin diese Art der Aufmerksamkeit in der Ausbildung erlernt hat und diese dann in der Therapie anwendet, geht es bei der Introvision darum, dass hier der Klient oder die Klientin zunächst lernt, diese Form der Aufmerksamkeit selber anzuwenden.

Die erste Besonderheit liegt darin, dass es beim KAW darum geht, den Fokus, das Zentrum, den Mittelpunkt der weitgestellten Aufmerksamkeit einige Zeit lang *konstant* auf etwas Bestimmtes zu richten: z. B. auf aktuell wahrnehmbare Töne und Geräusche, auf ein aktuelles Problem (▶ Kap. 3.3) oder auch auf den Kern des Konflikts, die epistemisch gültige Subkognition (▶ Kap. 2.6 und ▶ Kap. 5). Eine Zeit lang – das können ein paar Sekunden oder ein paar Minuten sein (z. B. ein kurzer konstatierender Blick oder das etwas längere KAW auf das Zentrum des Unangenehmen) oder auch noch länger (z. B. bei der Anwendung des KAWs auf ein bestimmtes Problem, s. weiter unten). Das ist vergleichbar mit der Anweisung bei manchen Mindfulness-Übungen, das Zentrum der Aufmerksamkeit eine Weile lang konstant auf den Prozess des Einatmens-Ausatmens oder z. B. beim Hatha-Yoga bzw. beim Body-Scan (Kabat-Zinn[6]), auf bestimmte Körperregionen zu richten. Im Unterschied dazu gibt es andere Meditationstraditionen, bei denen die Anweisung explizit lautet, das Zentrum der Aufmerksamkeit frei flottieren zu lassen und zu beobachten, was dabei im Bewusstsein auftaucht.

3 »Gelassen schauen«: Das Konstatierende Aufmerksame Wahrnehmen

Die zweite Besonderheit des KAW liegt in der Betonung des Weitstellens. Im Prinzip geht es beim KAW darum, nicht introferent in das einzugreifen, was in einem gegebenen Moment im Bewusstsein auftaucht – dieses weder wegzuschieben und bewusst auszublenden noch es sich zu imperieren, oder es zu überschreiben. Vielmehr geht es darum, die Bewusstseinsinhalte (Wahrnehmungen, Gedanken, Empfindungen), die außerhalb des Zentrums der Aufmerksamkeit auftauchen, weitgestellt (▶ Abb. 3.1) konstatierend wahrzunehmen. Wenn dann dabei zu beobachten ist, dass automatisch introferent eingegriffen wird, dann sollte dieser Prozess einfach bewusst liebevoll konstatierend wahrgenommen werden (im Sinne von »so ist es, das geschieht gerade«).

In diesem Punkt unterscheidet sich das KAW von denjenigen Formen der Konzentration[7], bei denen es darum geht, ablenkende Gedanken, Gefühle, Bilder und Impulse nach Möglichkeit introferent aus der Aufmerksamkeit auszuschließen. Aus Sicht der TMI (▶ Kap. 2) erhöht diese Form des introferenten Eingreifens in die Inhalte des eigenen Bewusstseins den inneren Druck und ist insofern insbesondere dann kontraproduktiv, wenn es um die Auflösung innerer Konflikte durch Introvision geht.

Die dritte Besonderheit des KAW liegt darin, dass das KAW – anders als in heute gängigen Formen der Achtsamkeitspraxis – nicht nur auf Sinneswahrnehmungen im Hier und Jetzt, sondern auch auf Gefühle, Gedanken und Erinnerungen angewandt wird.

Insofern gibt es viele Gemeinsamkeiten mit der heute gängigen Praxis der Achtsamkeit, aber auch eine Reihe von Unterschieden, die sich daraus ergeben, dass das KAW ursprünglich für die Anwendung in der Introvision entwickelt wurde.

Eine vierte Besonderheit im Unterschied zur Achtsamkeit und anderen Meditationstraditionen liegt darin, dass das KAW, insbesondere im Kontext der Introvision, zunächst ausdrücklich eingeübt wird. Dies geschieht mit Hilfe von eigens dafür entwickelten Übungen, die dazu dienen, das, was mit KAW gemeint ist, zu konkretisieren und zu operationalisieren. Dabei wird vor allem das Weitstellen bei gleichzeitigem Beibehalten eines konstanten Fokus der Aufmerksamkeit

3 »Gelassen schauen«: Das Konstatierende Aufmerksame Wahrnehmen

betont – beides sind Aspekte, die für die Introvision besonders wichtig sind. Anders als in verschiedenen Achtsamkeitstraditionen üblich, wird das KAW darüber hinaus nicht nur auf Sinneswahrnehmungen im Hier und Jetzt, sondern auch auf Gefühle, Gedanken und Erinnerungen angewandt.

Ziel der KAW-Übungen ist es zu lernen, sich dem Alltag und seinen Herausforderungen häufiger im Bewusstseinszustand des Konstatierens zuzuwenden. Lernen, gelassen konstatierend wahrzunehmen ohne (zusätzlich) »Öl ins Feuer zu gießen«, kann die Aufmerksamkeit verbessern, das eigene Erleben vertiefen und dazu beitragen, schwierige Situationen zu bewältigen, ohne in einen größeren inneren Konflikt zu geraten.

Im Folgenden wird das KAW zunächst einmal genau beschrieben (▶ Kap. 3.1). Anschließend wird in das KAW-Übungsprogramm eingeführt (▶ Kap. 3.2 und ▶ Kap. 3.3), und dann wird die Wirkung der Anwendung von KAW dargelegt (▶ Kap. 3.4).

3.1 Konstatierendes Aufmerksames Wahrnehmen lernen

KAW lässt sich als eine spezielle Form offener, weitgestellter und nicht-introferent eingreifender Wahrnehmung auffassen. Etwas wahrzunehmen bedeutet wörtlich laut Duden[8] dieses »in Aufmerksamkeit nehmen« – also das, was man sieht, hört und spürt, ebenso wie das, was man innerlich fühlt, denkt oder erinnert. Beim KAW geht es darum, eine Weile lang den *Fokus, den Mittelpunkt, das Zentrum* der weitgestellten Aufmerksamkeit konstant und konstatierend auf etwas zu richten: den Anblick einer Rose, den Geruch von Kaffee oder den Gedanken an einen geliebten Menschen.

Konstatierendes Wahrnehmen lässt sich einüben – zum einen, um im Alltag häufiger bewusst mental entspannen zu können, zum

3.1 Konstatierendes Aufmerksames Wahrnehmen lernen

anderen, als Grundlage der Introvision zur Auflösung von Konflikten (▸ Kap. 5).

Etwas konstatierend weitgestellt wahrzunehmen, gehört zu den grundlegenden menschlichen Fähigkeiten, so wie singen, laufen oder nachdenken. Wenn wir uns in unser Hobby vertiefen, uns in Musik versenken oder auch in der Arbeit aufgehen, geschieht dies im Modus des KAW. Kinder nehmen, anders als Erwachsene, sehr vieles in diesem Modus wahr. Mit zunehmendem Alter werden mehr und mehr Imperative gespeichert, und wir gewöhnen uns an, in vielen Situationen – zum Teil auch mehrfach – in das introfent einzugreifen, was wir sehen, hören, spüren und denken. Um zu lernen, in solchen Situationen in den konstatierenden Modus umschalten zu können, ist es sinnvoll, KAW in verschiedenen Situationen des Alltags gezielt zu üben und auszuprobieren, was es bewirkt. Im folgenden Kasten sind die Merkmale im Überblick dargestellt.

Sechs Merkmale des Konstatierenden Aufmerksamen Wahrnehmens

1. **Konstatierend** (= feststellend im Sinne von »So ist es.« und »Es kann sein, dass es passiert.«),
2. **offen wahrnehmend** (= wirklich *hin*schauen, *hin*hören, *hin*einspüren und als *Ganzes* wirken lassen),
3. **mit konstantem Fokus, Mittelpunkt, Zentrum der Aufmerksamkeit** (= dabeibleiben, möglichst nicht abschweifen, die Aufmerksamkeit – wenn notwendig – zurücklenken),
4. **weitgestellt,** d. h. (= nicht enggestellt, nicht nur den Fokus wahrnehmend)
5. **anderes,** im Bewusstsein Vorhandenes, **nicht aktiv ausblendend,** (= registrieren, nicht weiterverfolgen und nicht aktiv wegschieben)
6. **nicht aktiv und gezielt introfent eingreifend,** nach einer Problemlösung suchen (= Letzteres ggf. auf später verschieben).

3 »Gelassen schauen«: Das Konstatierende Aufmerksame Wahrnehmen

Die konstatierende offene Aufmerksamkeit ist auf etwas gerichtet ... (zu 1. und 2.)

Etwas offen anzuschauen bedeutet das, was man betrachtet, auf sich wirken zu lassen. Manchen Menschen hilft die Vorstellung, auf den Gegenstand der Aufmerksamkeit eher passiv ausgerichtet zu sein (»Die Geräusche der Straße tönen zu mir herüber« statt »Ich höre die Geräusche der Straße«), andere nutzen die Vorstellung, sich unangestrengt zuzuwenden, ohne sich eindringlich zu bemühen oder etwas erzwingen zu wollen. Um etwas aufmerksam zu betrachten, zu hören, zu spüren oder zu denken, kann die Vorstellung hilfreich sein, es als Ganzes, einfach registrierend und nichtwertend wahrzunehmen[9], wie ein staunendes Kind oder wie jemand, der von einer Idee das erste Mal hört und sie deshalb noch nicht beurteilen kann.

Etwas konstatierend wahrzunehmen bedeutet, es so zu sehen, »wie es ist«, im Sinne von »so sieht dies aus«, »so fühlt sich das an«, »so ist dieser Gedanke«[10] (▶ Kap. 2). Anders gesagt: Es gilt nach Möglichkeit in das, was man sieht, hört, spürt, denkt oder fühlt nicht erneut introferent einzugreifen, es auszublenden oder zu überschreiben. Und wenn dies doch gewohnheitsmäßig geschieht, dann nehmen wir auch das konstatierend wahr – und kehren mit dem Fokus der Aufmerksamkeit zurück zu dem Ausgangspunkt. Wenn beispielsweise beim konstatierenden Betrachten eines Stuhls ein abwertender Gedanke auftaucht (»Der ist aber scheußlich!«), so wird dieser Gedanke konstatierend wahrgenommen (»Es kann sein, dass er scheußlich ist«) und der Fokus der Aufmerksamkeit wieder auf die Formen, Farben und Konturen des Stuhls zurückgelenkt. Das gleiche geschieht mit anderen ablenkenden Gedanken (der nächste Termin), Erinnerungen (die Verabredung gestern) und Gefühlen (Hunger): Diese werden nicht aktiv auszublenden versucht; die Kunst besteht vielmehr darin, den Fokus der Aufmerksamkeit wieder auf den Anblick des Stuhls zurückzulenken.

3.1 Konstatierendes Aufmerksames Wahrnehmen lernen

.... es geht darum, aufmerksam dabeizubleiben ... (zu 3.)

Der Fokus der Aufmerksamkeit wird beim KAW also eine Zeit lang *absichtlich und fortgesetzt* konstant auf etwas gerichtet. Hier kann die Kraft des Willens gefragt sein, um die konstatierende Aufmerksamkeit wieder zurückzulenken, wenn wir abschweifen. Diese Fähigkeit, den Fokus eine Zeit lang konstant und konstatierend auf etwas zu richten, ist eine der Voraussetzungen für die Versenkung (PT-Stufe 2) und notwendig für die Introvision (▶ Kap. 2 und ▶ Kap. 5).

... und die Aufmerksamkeit weitgestellt zu halten inmitten des Eigenlebens des Bewusstseins (zu 4. und 5.)

Was Weit- und Engstellen bedeutet, lässt sich am Beispiel unterschiedlicher Kameraeinstellungen illustrieren: Von »Weitwinkel-Aufnahmen« der gesamten Landschaft bis zum »Zoom« auf einen einzelnen Tautropfen. Introferenztheoretisch bedeutet weitstellen genau genommen, aufzuhören introferent engzustellen (▶ Kap. 2). Wie in Kap. 2 gezeigt wurde, ist das Engstellen der Aufmerksamkeit Teil des Prozesses des introferenten Eingreifens.

Was hier mit weitgestellt gemeint ist, wird in Abbildung 3.1 veranschaulicht. Die menschliche Aufmerksamkeit lässt sich in verschiedener Hinsicht mit dem Licht einer herkömmlichen Lampe[11] vergleichen, z. B. mit einem Bühnenscheinwerfer beim Theater oder auch einer konventionellen Taschenlampe (keine LED-Leuchte). Weitstellen bedeutet, die Taschenlampe oder den Scheinwerfer soweit aufzudrehen wie möglich. Das hellste Licht, sprich der Fokus der Aufmerksamkeit, richtet sich dann auf das, was im Zentrum der Aufmerksamkeit steht (▶ Abb. 3.1) – also zum Beispiel der Anblick einer Rose. Darum herum nimmt man, sozusagen schon ein wenig schwächer beleuchtet, die anderen Rosen, den Garten und den Himmel über den Rosen wahr – das ist visuelles Weitstellen. Gleichzeitig spürt man den Sommerwind und hört die Vögel zwitschern. Und die im Hintergrund auftauchenden Gedanken, Gefühle und Erinnerungen an andere Dinge werden ebenfalls konstatierend wahrgenommen.

3 »Gelassen schauen«: Das Konstatierende Aufmerksame Wahrnehmen

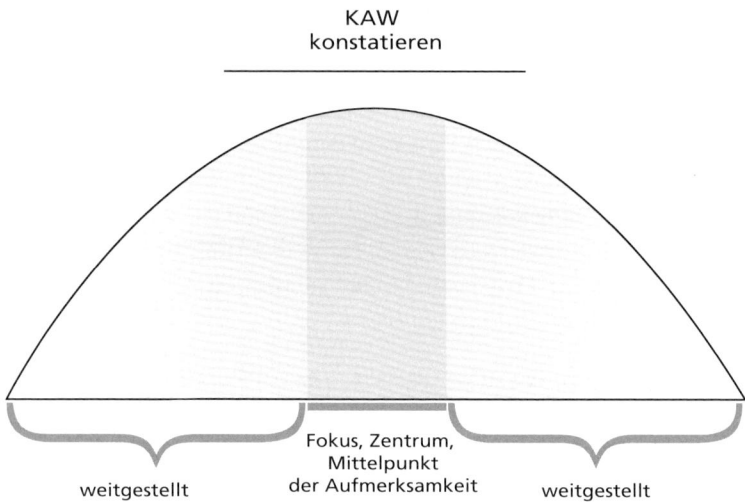

Abb. 3.1: Konstatierendes Aufmerksames Wahrnehmen © Malin Hildebrandt und Angelika C. Wagner

Ziel ist es lediglich, den Fokus, den Mittelpunkt, das Zentrum der konstatierenden Aufmerksamkeit einigermaßen konstant auf die Rose gerichtet zu halten bzw. ihn, wenn man merkt, dass man abgeschweift ist, wieder darauf zurückzulenken.

KAW bedeutet *nicht* zu versuchen »nichts zu denken«. Vielmehr geht es »nur« darum, den *Fokus* der weitgestellten Aufmerksamkeit auf das gerichtet zu halten, was man betrachten möchte: Einen Gegenstand oder auch einen Gedanken oder ein Gefühl (▶ Kap. 3.3). Wenn wir uns vorstellen, dass die konstatierende aufmerksame Wahrnehmung ein starker altmodischer Theaterscheinwerfer ist, der eine ganze Theaterbühne erleuchtet, so bedeutet konstantes KAW, dass das stärkste Licht auf die Heldin oder den Helden gerichtet bleibt, während die übrigen Menschen, die auf der Bühne herumtoben, schwächer beleuchtet werden. Ziel des KAW ist es also, um im Bild zu bleiben, *nicht* die übrigen Mitspielerinnen und Mitspieler von der Bühne zu schubsen, sondern lediglich das Zentrum des Scheinwerferlichts auf die Heldin oder den Helden gerichtet zu lassen. Was sich im Hintergrund abspielt, blenden wir also nicht aus, sondern *lassen es passieren* – im doppelten Sinne des Wortes: sich ereignen und vorbeiziehen lassen.

... ohne regulierend einzugreifen und aktiv-gezielt nach einer Problemlösung zu suchen (zu 6.)

Etwas konstatierend-aufmerksam zu betrachten, ist etwas anderes, als aktiv über praktische Probleme nachzudenken, so wie wir es im Alltag oft tun, wenn wir verschiedene Problemlösestrategien anwenden. Diese Form des Nachdenkens ist häufig mit introferentem Eingreifen verbunden. Bei fortgeschrittener Übung lässt sich das KAW auch gezielt auf die Lösung eines Problems anwenden (mehr dazu ▶ Kap. 3.3).

In unseren Seminaren und Workshops machen wir häufig die Erfahrung, dass wir nach der Einstiegsübung (KAW 1) die Rückmeldung bekommen, dies alles sei doch nichts Besonderes. Wie weiter oben schon angemerkt, gehört der Wechsel in unterschiedliche Bewusstseinszustände zum Grundrepertoire des Menschen. Interessanter wird es für die meisten, wenn es um die Erkundung des Weitstellens (KAW 2) und Weitstellen mit konstantem Fokus geht (KAW 3). Dies ist für viele eine echte Herausforderung.

Was KAW *nicht* ist

Den *Anblick* eines Stuhls konstatierend wahrzunehmen, bedeutet, den Fokus, den Mittelpunkt, das Zentrum der Aufmerksamkeit darauf zu richten, wie dieser Stuhl aussieht und nicht so sehr darauf,

- mir innerlich immer wieder zu sagen (suggerieren), was ich da gerade wahrnehme (»Das ist ein Stuhl«), sondern vielmehr wirklich *hinzuschauen;*
- das, was ich sehe, imperativisch abzuwerten (»Der Bezug ist eigentlich altmodisch«) sondern den Fokus wieder auf Formen, Farben und Texturen des Stoffes hinzulenken;

3 »Gelassen schauen«: Das Konstatierende Aufmerksame Wahrnehmen

- aufzuhören, den Stuhl anzuschauen und stattdessen über etwas anderes nachzudenken (abschweifen und ausblenden);
- zu assoziieren (»Ich muss meinen Schreibtischstuhl endlich höherstellen!«, »Das war so peinlich, als der Stuhl bei jeder Bewegung knarrte« – abschweifen und ausblenden);
- sich die Konzentration auf den Stuhl aufzuzwingen (»Ich muss jetzt den Stuhl genau wahrnehmen!«), während die eigenen Gedanken woanders sind (sich etwas imperieren und anderes ausblenden);

... und dabei – und das ist das Entscheidende – nicht mehr wirklich hinzuschauen.

Selbstverständlich können und werden solche Gedanken während des KAWs auftauchen. Ziel ist es jedoch, den *Fokus* der Aufmerksamkeit konstatierend auf das Aussehen des Stuhls zu richten.

KAW ist demnach keine Selbstsuggestion, kein Mantra, mit dem das Bewusstsein ausgefüllt und beschäftigt wird und kein repetitives Benennen. KAW bedeutet auch nicht, sich etwas auszumalen oder sich selbst zuzusprechen bzw. einzureden, ganz ruhig und aufmerksam zu sein. Konstatieren unterscheidet sich von Konzentrationsbemühungen, wie sie in aller Regel und oft ohne Erfolg angewandt werden (▶ Tab. 3.1). Wenn wir uns dessen bewusst werden, dass wir uns selbst etwas suggerieren oder automatisch ein Mantra wiederholen, so können wir diesen Prozess ebenso aufmerksam konstatierend wahrnehmen wie den Anblick einer Rose – und genauso viel darüber lernen.

Tab. 3.1: Unterscheidungsmerkmale zwischen Konstatieren und alltäglicher Vorstellung vom Konzentrieren

Konstatieren	Konzentrieren
sich einer Sache zuwenden	sich einer Sache zuwenden
weitstellen mit konstantem Fokus	engstellen auf diese Sache, um Ablenkung zu vermeiden

3.1 Konstatierendes Aufmerksames Wahrnehmen lernen

Tab. 3.1: Unterscheidungsmerkmale zwischen Konstatieren und alltäglicher Vorstellung vom Konzentrieren – Fortsetzung

Konstatieren	Konzentrieren
andere Bewusstseinshalte bis hin zum Rande der eigenen Aufmerksamkeit *nicht* aktiv ausblenden; die Aufmerksamkeit bleibt insgesamt weitgestellt, Dinge, die außerhalb des Fokus der Aufmerksamkeit, sind, ggf. vorüberziehen lassen, sie kommen und gehen lassen, nichts damit oder daraufhin tun. (= nicht eingreifen, nicht etwas introferent hineintragen, nicht ausblenden)	andere Bewusstseinshalte versuchen auszublenden, unbedeutend zu machen, ihnen die Aufmerksamkeit zu entziehen, versuchen sie loszuwerden oder ihren Einfluss zu stoppen. (= verschiedene Formen des Eingreifens)
darauf eingestellt sein, dass Dinge auftauchen können, die ablenken	auf der Hut sein vor Dingen, die ablenken könnten
nach einiger Übung mühelos (Psychotonusstufe 4 oder geringer)	mit Anstrengung verbunden (Psychotonusstufe 5)
= idealerweise im Schauen oder im Tun aufgehen (Flow)	= mit Willenskraft schauen oder tun, sich aufzwingen

Konstatierend wahrzunehmen gelingt in manchen Situationen ganz von allein, ohne dass es eingeübt wurde[12], beispielsweise wenn wir uns in unser Hobby vertiefen, in etwas versunken sind (Psychotonusstufe 2) oder vielleicht auch absolute innere Ruhe (Psychotonusstufe 1) als Ergebnis der »Innenschau« auf den Zustand der Versunkenheit erleben[13].

In vielen Alltagssituationen erweist es sich jedoch als schwierig, einfach so wahrzunehmen, was ist, ohne sich zu imperieren, dass man es anders haben will. Um etwa inmitten von Stress, bei akuter Aufregung oder chronischer Verspannung gelassener zu werden und den Dingen gelassen ins Auge zu schauen, bedarf es einiger Übung. Und diese Übung ist besonders dann wichtig, wenn es um die Introvision geht, nämlich dem »Kern des Schlimmen« weitgestellt konstatierend und konstant – und somit gelassen – ins Auge zu schauen.

3.2 Das KAW-Übungsprogramm

Ziel der folgenden vier aufeinander aufbauenden Übungen ist es, KAW einzuüben.

Die ersten drei Grundübungen dienen dazu, drei zentrale Aspekte des KAW (Konstatieren, Weitstellen, konstanter Fokus) zunächst separat zu üben (KAW-Übung 1 und 2), um diese dann anschließend (KAW-Übung 3) zum Gesamt-KAW zusammenzufügen – etwa so, wie man beim Erlernen einer neuen Sportart zunächst einzelne Elemente trainiert, bis dann daraus eine fließende Bewegung und schließlich eine leicht abrufbare innere Bewusstseinshaltung wird. Bei diesen KAW-Übungen geht es zunächst um sinnlich Wahrnehmbares. Bei den Übungen für Fortgeschrittene (▶ Kap. 3.3) wird dann gezeigt, wie sich dieses KAW auf das Betrachten von Problemen anwenden und in den beruflichen Alltag integrieren lässt.

Bei der vierten KAW-Übung geht es dann um Gefühle, genauer gesagt um das konstatierende Betrachten des Zentrums des Angenehmen und des Unangenehmen – als direkte Vorübung für die Introvision.

Im Folgenden werden die einzelnen Übungen beschrieben und anhand von Beispielen aus Übungsprotokollen von Studierenden illustriert.

Zur Vorbereitung auf das KAW: Erst einmal »Pakete packen«

Im Alltag fällt KAW umso leichter, je weniger einem durch den Kopf geht. Deshalb hat sich folgende Vorübung vielfach bewährt.

Ziel dieser Übung ist es, sich konstatierend anzuschauen, was einem durch den Kopf geht, wenn man sich fragt, was einen im Moment davon abhält, sich rundum wohl zu fühlen. Das, was dabei auftaucht, wird kurz benannt und (in der Vorstellung) einzeln in Pakete gepackt; diese Pakete stellt man gedanklich an einem Ort eigener Wahl ab. Lässt ein Paket sich nicht so einfach abstellen (»Huhu, hier bin ich! Wichtig! Eilig!«), dann kann man versuchen, mit diesem Problem einen Termin zu verabreden (»Heute Nachmittag 16:00 Uhr...«). Sollte man sich gerade tatsächlich rundum wohl fühlen, lässt man diese Übung aus. Mit zunehmender Erfahrung mit KAW empfiehlt es sich, das »Pakete packen« durch das »Integrierende KAW« zu ersetzen (▶ Kap. 3.3).

»Pakete packen«
Ausgangsfrage ist: »Was hält mich davon ab, mich im Moment rundum wohl zu fühlen?«
Die einzelnen Probleme, die jetzt auftauchen, kurz benennen, ohne weiter darauf einzugehen,

- sich vorstellen, jedes Problem in ein Paket zu packen,
- und diese Pakete in der Vorstellung an einem Ort eigener Wahl (z. B. Regal, Schrank, Truhe) beiseite zu stellen.
- Wenn das nicht gelingt, ggf. mit diesem »Paket« einen Termin verabreden.

Dauer: ca. 1–2 Min.

3.2.1 Erster Schritt: Aufmerksam konstatierend, offen und konstant wahrnehmen, was ist (KAW-Übung 1)

Bei dieser Übung geht es darum, den Fokus der Aufmerksamkeit konstatierend (»so ist es«) und konstant auf etwas gerichtet zu halten und dies offen anzuschauen, hineinzuhören, hineinzuspüren. Wenn die Aufmerksamkeit abschweift, gilt es, den Fokus wieder sanft zu dem zurückzulenken, was man gerade betrachtet, hört, spürt. Es geht nicht darum, das Denken abzustellen oder Gedanken auszublenden, sondern der Fokus der Aufmerksamkeit bleibt idealerweise dabei auf das gerichtet, was man gerade sieht, hört oder spürt.

3 »Gelassen schauen«: Das Konstatierende Aufmerksame Wahrnehmen

> **Selbstanleitung zur ersten Übung: Konstatieren**
> Zwei Minuten lang richte ich den Fokus meiner Aufmerksamkeit konstant und konstatierend auf etwas, das ich *sehe: Wie sieht es aus, wie sind Formen, Farben, Konturen, Oberfläche, Licht und Schatten?* Ich kann nacheinander Unterschiedliches jeweils ein Weilchen lang betrachten oder auch zwei Minuten lang bei ein und derselben Sache bleiben. Wichtig ist, wirklich hinzuschauen (»So sieht es aus«), es anzuschauen und – sollte ich abschweifen – den Fokus erneut darauf zurückzulenken.
>
> Danach nehme ich für zwei Minuten konstatierend wahr, was ich gerade *höre*: Ich lausche hinein in die Töne, Frequenzen, Rhythmen der verschiedenen Klangquellen: Alltagsgeräusche (Schritte auf dem Flur, Verkehrslärm, Vogelgezwitscher) oder Musik (verschiedene Stimmen, Instrumente, Klänge) – so als ob es sich eben gerade um die Uraufführung einer Sinfonie aus Alltagsgeräuschen handelt. Und wenn Stille auftritt, dann lausche ich in die Qualität dieser Stille hinein.
>
> Schließlich wende ich mich für zwei Minuten dem zu, was ich gerade in *meinem Körper und um meinen Körper herum tatsächlich spüre*: Die Berührung der Füße mit dem Boden und das Innere der Füße, die Berührung der Beine mit der Kleidung und das Innere der Beine, (weiter mit Bauch, Rücken, Oberkörper, Armen, Kopf) – und zum Abschluss der Körper als Ganzes: Wie fühlt sich das an? Am Anfang sollte die Aufmerksamkeit bei dieser Übung in erster Linie auf angenehme bis neutrale Körperempfindungen gerichtet werden.

Wichtig ist es, diese Übung tatsächlich nacheinander mit allen drei Sinnen zu üben, denn später bei der Introvision kann sich der Kern eines Konflikts – das Unangenehmste – unterschiedlich darstellen, als Bild, als Empfindung oder als Geräusch.

Das konstatierende Anschauen, Hören oder Spüren ist in seiner Qualität eigentlich nicht sprachlich, es kann aber hilfreich sein, innerlich den Satz zu konstatieren »Ach, so sieht das aus«, »so hört sich das an«, »so fühlt sich das an.« Hilfreich ist, hier mit den unterschiedlichen Sinnen zu experimentieren (auch mit Schmecken und Riechen). Später kann das konstatierende Wahrnehmen abstrakter Gedanken hinzugenommen werden (▶ Kap. 3.3).

Zu bedenken ist, dass längeres aufmerksames Wahrnehmen einer Körperregion dort die Durchblutung steigern kann. Daher ist länger (als fünf Minuten) andauerndes konstantes KAW auf akut entzündete Stellen und bei Regelschmerzen auf die Bauchregion nicht zu empfehlen.

Beispiel aus der Übungspraxis

Das Wahrgenommene nicht automatisch durch Bewertungen oder innere Kommentare zu überschreiben, fällt zu Beginn des Übens oftmals schwer.
Eine Studentin schildert das so:

»(...) bei den Versuchen, das rein Äußerliche von Sachen und Menschen zu betrachten, trat immer wieder ein Abschweifen ein, bei dem ich über das Objekt nachdachte. Bei Menschen z. B. fiel mir sehr oft auf, dass ihr Lippenstift überhaupt nicht zu dem Oberteil passte und dass man bei dieser Lippenstiftfarbe doch eher das und das tragen sollte. Ich machte mir also meine Gedanken zu den Sachen, die ich sah, und konnte nicht einfach unbewertet das Objekt an sich sehen. Nach zwei Tagen hat sich dieses ungewollte Abschweifen allerdings schon gegeben und mir fiel es leicht, KAW visuell auszuführen. Ich spürte geradezu, wie sich meine Gesichtsmuskeln entspannten, sobald ich bewusst mit einer KAW-Übung begann, und ich fühlte mich nach den zwei Minuten immer sehr erholt.«[14]

In so einem Fall kann es hilfreich sein, diese Übung nochmals in vier Schritte zu zerlegen. Der erste Schritt wäre dann, zwischen Konstatieren und Nicht-Konstatieren zu unterscheiden. Die Wahrnehmung kann dafür ganz bewusst mit jeweils einem konstatierenden Satz begleitet werden (»Die Lippenstiftfarbe ist hellrot«). Wenn sich dann weitergehende, wertende Gedanken daran anschließen, geht es darum, genau das zu bemerken und den Fokus der Wahrnehmung wieder zurückzulenken auf die Farbe der Lippen. Im zweiten Schritt gilt die Selbstbeobachtung der Unterscheidung zwischen der tatsächlichen Sinnesempfindung – sehen, hören, spüren – und einem Gedanken, mit dem Ziel, den Fokus auf die Sinnesempfindung zurückzulenken. Im dritten Schritt kann dann die Wahrnehmung zeitlich etwas ausgedehnt werden, um sich darin zu üben, ein Weilchen lang bei einem Fokus zu bleiben. Schließlich geht es im vierten Schritt um die Art und Weise sich zuzuwenden, nämlich offen, neugierig-interessiert (wie sieht dieses Muster aus, wie klingt die Kaffeemaschine, wie fühlt sich der Stoff an?). Hier hilft eine forschende und erkundende Haltung. Unsere Seminarteilnehmenden berichten häufig, dass sie dadurch an alltäglichen Dingen plötzlich neue Einzelheiten entdecken, dass ihnen bei bekannten Musikstücken Unerwartetes und bisher Überhörtes auffällt und sie die unterschiedlichen Qualitäten von Oberflächen und Räumen ganz neu wahrnehmen.

3.2.2 Zweiter Schritt: Weitstellen (KAW-Übung 2)

Neben dem Konstatieren ist das zweite Merkmal des KAW das Weitstellen. Da die meisten von uns im Alltag oft automatisch engstellen, wird das Weitstellen hier in zwei Stufen eingeübt. Zunächst wird ausprobiert; was es heißt, von Engstellen auf Weitstellen in verschiedenen Sinnesmodalitäten umzuschalten (KAW-Übung 2). Erst danach wird geübt, den Fokus der Aufmerksamkeit konstatierend auf etwas Bestimmtes zu richten und gleichzeitig die Aufmerksamkeit weit(er) gestellt zu lassen (KAW-Übung 3).

Zur Vorbereitung: Mit Weit- und Engstellen experimentieren (KAW-Übung 2)

Bei dieser Übung geht es darum, herauszufinden, wie sich *Weitstellen* »anfühlt«, um zunehmend besser die Aufmerksamkeit weitstellen zu können. Erstens führt schon alleine das Weitstellen in vielen Situationen, in denen man die Aufmerksamkeit automatisch eng stellt, zur Verringerung der Anspannung und dadurch zu mehr Gelassenheit. Auch die meisten Strategien, einen inneren Konflikt loszuwerden, gehen einher mit dem Engstellen der Aufmerksamkeit (Konfliktumgehungsstrategien ▸ Kap. 4). Zweitens erleichtert das Experimentieren mit dem abwechselnden Weit- und Engstellen, *den Unterschied zwischen beidem besser wahrnehmen zu können.* In einer schwierigen oder angespannten Situation ist es dann möglich, nicht nur mit dem *Inhalt* dessen, was im Bewusstsein abläuft, beschäftigt zu sein, sondern tatsächlich zu bemerken, *wie das Bewusstsein gerade arbeitet* – nämlich enggestellt. In so einem Moment kann die Aufmerksamkeit wieder weit gestellt werden.

Wichtig für den Anfang ist es, diese Übung zunächst einmal auf Sinnesempfindungen wie Hören, Sehen und Spüren anzuwenden. Die Erfahrung damit hilft dabei, in späteren Übungen die Qualitäten »eng« und »weit« auch auf Gefühle, z. B. angenehme oder unangenehme Bewusstseinsinhalte, und Gedanken beziehen zu können.

Im Einzelnen bedeutet das:

Weitgestellt schauen: Zu Beginn geht es darum auszuloten, was alles in das Blickfeld genommen werden kann. Dazu lässt man den Blick rundherum über das Sehfeld schweifen, bis der Raum so weit wie möglich erfasst und dann – von Fußboden bis Decke – im Blick gehalten wird. Worauf der Blick dabei liegt und wie scharf oder unscharf die Eindrücke sind, ist dabei unwichtig. Manche erleben das so, als würde man durch alles hindurch in die Ferne schauen. Ein großes, ovales Bild entfaltet sich und kann nun aufmerksam abgetastet werden. Ziel ist es, dieses Bild als Ganzes in der Aufmerksamkeit zu behalten, ohne die Augenstellung merklich zu verändern[15]. Dann wird alles zugleich konstatierend wahrgenommen.

Weitgestellt hören bedeutet, »alles«, was ich gerade höre, wahrzunehmen: Töne, Geräusche, Klänge und auch die Stille zwischen den Tönen. Wenn Sie in Alltagsgeräusche hineinlauschen, so stellen

3 »Gelassen schauen«: Das Konstatierende Aufmerksame Wahrnehmen

Sie sich vor, Sie würden gerade die Uraufführung eines neuen Musikstücks mit dem Titel »Alltagsgeräusche« erleben und Sie lauschen nun aufmerksam-konstatierend hinein in die Töne, Frequenzen und Rhythmen. Sie versuchen dabei, mindestens *zwei oder mehr Klangquellen gleichzeitig* in der Aufmerksamkeit zu behalten (z. B. Verkehrslärm, Schritte auf dem Gang, Vogelgezwitscher). Bei Musik gilt es, mindestens zwei oder mehr unterschiedliche Stimmen, Instrumente oder Melodien gleichzeitig wahrzunehmen. Und falls Stille eintritt, so lauschen Sie weitgestellt in die Qualität dieser Stille hinein.

Weitgestellt spüren bedeutet, sowohl den eigenen Körper als Ganzes als auch den Raum um den Körper herum wahrzunehmen[16]. Wir haben unterschiedliche Sensoren, um auch mit geschlossenen Augen den Raum zu erspüren, dazu gehören beispielsweise Propriozeptoren für die Raum-Lage-Orientierung, die es uns ermöglichen, auch in tiefster Dunkelheit zu erkennen, wo oben und unten ist[17]. Weitgestellt spüren bedeutet, gleichzeitig den eigenen Körper bzw. Teile des eigenen Körpers und den Raum darum herum zu spüren.

Selbstanleitung zur zweiten Übung
Teil 1: Um den Unterschied zwischen Engstellen und Weitstellen in den drei Sinnesmodalitäten ganz bewusst zu erleben, beginne ich damit, in den drei Modalitäten rasch zwischen eng- und weitstellen hin- und herzuwechseln. Dabei ist der Fokus der Aufmerksamkeit nach Möglichkeit konstant zu halten (in etwa vergleichbar damit, die Blende einer Kamera mal enger und mal weiter zu stellen).

Sehen: Dazu betrachte ich abwechselnd ein kleines Detail in meinem Blickfeld – und wirklich nur dieses – um dann anschließend auszuprobieren, was ich alles auf einmal mit den Augen wahrnehmen kann. Kann ich den Unterschied wahrnehmen? Wie empfinde ich beides?

Hören: Bei Hören wechsele ich zwischen einem ganz konkreten Geräusch und der gesamten Geräuschkulisse hin und her.

Spüren: Zunächst spüre ich in eine spezielle Stelle im Körper hinein (z. B. den rechten großen Zeh[18]), nehme dann meinen Körper als Ganzes und den Raum um meinen Körper herum wahr und wechsele mehrmals hin und her.

Teil 2: Danach beginne ich mit der eigentlichen Übung, bei der ich mir für jede Sinnesmodalität (sehen, hören, spüren) zwei Minuten Zeit nehme. Die Übung beginnt jeweils mit dem Engstellen und endet dann mit dem Weitstellen.

Hinweise für das Üben

Eine kleine Herausforderung ist manchmal das unwillkürliche Engstellen beim Hören, wenn kein kontinuierliches Geräusch vorhanden ist. Hier liegt die Abhilfe darin, in die Qualität der Stille (im Raum und auch außerhalb) weitgestellt hineinzulauschen und hineinzuspüren.

Beispiel aus der Übungspraxis

Weitstellen nach einem Streit mit der Freundin.

»Ich hatte großen Streit mit meiner Freundin und bin zum Spazierengehen in den Wald gefahren. Meine Gedanken rasten wild und unstrukturiert durch meinen Kopf und ich war vollkommen mit mir selbst beschäftigt, aber es fiel mir ein, dass ich doch in diesem Moment gerade einmal KAW anwenden könnte. Ich machte Rast und begann mit der KAW-Übung. Als ich audio-sensorisch weitstellte, fühlte ich, wie ich langsam ruhiger wurde, das Wirrwarr in meinem Kopf langsam nachließ umherzuschwirren und ich nur noch das leise Rascheln der Blätter, das Knacken einzelner Zweige und entferntes Vogelgezwitscher wahrnahm. Es fühlte sich an, als wenn eine große Last abfiele. Nach dieser Übung war ich sehr viel entspannter und konnte meine Gedanken ordnen und die Situation noch einmal in Ruhe durchdenken.« (53)

3.2.3 Dritter Schritt: Weitgestellt mit konstantem Fokus (KAW-Übung 3)

Beim dritten Schritt geht es darum, das KAW als Ganzes zu üben: konstatierend, offen und weitgestellt den Fokus der Aufmerksamkeit eine Zeit lang konstant auf etwas gerichtet zu halten (▶ Abb. 3.1). Auch diese Übung wird zunächst beim Sehen, Hören und Spüren durchgeführt.

> **Selbstanleitung zur dritten Übung**
> Geübt wird jeweils für zwei Minuten, etwas in den Fokus zu nehmen und zu betrachten, die Aufmerksamkeit aber zugleich weitgestellt zu lassen. Dazu entscheide ich vorab, was ich in das Zentrum meiner Aufmerksamkeit nehmen werde.
> Wieder beginne ich die Übung mit dem Sehen. Ich nehme die räumliche Umgebung weitgestellt (wenn auch unscharf) wahr, spüre vielleicht auch in den Raum hinein – ich lasse dies gewissermaßen als Hintergrundbild zu und richte den Fokus meiner Aufmerksamkeit gleichzeitig konstatierend-wahrnehmend auf den Gegenstand.
> Anschließend kommt das Hören. Ich höre zwei Minuten lang weitgestellt in die Umgebung hinein und richte idealerweise gleichzeitig den Fokus auf eine bestimmte Geräuschquelle.
> Als drittes spüre ich in den Raum hinein und richte den Fokus der Aufmerksamkeit auf etwas, das ich in (oder an) meinem Körper spüre.

Hinweise für das Üben

Bei dieser Übung ist es hilfreich, zunächst weitzustellen und dieses Weitstellen beizubehalten, wenn begonnen wird, etwas in das Zentrum der Aufmerksamkeit zu nehmen. Wenn das Konstatieren gut gelingt – die Gleichzeitigkeit von Fokussieren und Anderes nicht aktiv Ausblenden – lohnt es sich vielleicht schon zu diesem Zeitpunkt, die Übung weiterzuführen und sie auf einen Gedanken, eine Frage oder einen Sachverhalt zu beziehen. Dabei kann auch schon einmal ausprobiert werden, ob einzelne Gefühle vor einen Hintergrund von Gefühlsempfindungen konstatierend wahrgenommen werden können.

Beispiele aus der Übungspraxis

Am Strand (Sehen)

»Fokus war mein schwimmender Sohn. Diese Übung klappte sehr gut und machte mir sehr viel Spaß. Es war wieder so, dass ich sehr viel wahrgenommen habe und dieses Bild auch jetzt noch gut in Erinnerung habe, z. B. zu sehen, wie er schwimmt und was für Mundbewegungen er vor lauter Konzentration macht. Das fällt mir sonst weniger auf, da ich oft nicht so genau hingucke und mir dann oft noch andere Gedanken durch den Kopf gehen.«[19]

Beim Arbeiten in der Bibliothek (Hören)

»Es gelang mir meine Aufmerksamkeit auf das Tippgeräusch der Computer engzustellen und dann im weitgestellten Modus das Tippen, die Gespräche, das Blättern in Unterlagen, das Kommen und Gehen meiner Kommilitonen gleichzeitig konstatierend wahrzunehmen.«

3 »Gelassen schauen«: Das Konstatierende Aufmerksame Wahrnehmen

Im Schwimmbad, Müdigkeit, Schmerzen (Spüren)

»Besonders erfolgreich und angenehm habe ich diese Übung im Bereich des Fühlens empfunden. Zum Beispiel im Schwimmbad war es für mich ein ganz schönes Erlebnis, mich auf meine Bewegungen zu konzentrieren und die Arbeit meines ganzen Körpers zu spüren. Durch KAW konnte ich erfolgreich nach dem Haushalt die Müdigkeit meiner Beine beseitigen. Einmal ist es mir auch gelungen, während der Übung die Rückenschmerzen zu verringern.«[20]

Weitstellen in mehreren Sinnesmodalitäten

Mit zunehmender Erfahrung geht es beim Weitstellen nicht mehr hauptsächlich um den jeweils gewählten Sinneskanal. Ist der Fokus der Aufmerksamkeit z. B. auf einen Baum im Park gerichtet – seine Erscheinung, Farbe und Struktur –, bleiben auch der Himmel, die Wiesen und Anpflanzungen, die ihn umgeben, im Blick. Die Aufmerksamkeit ist so weitgestellt, dass auch der Kiesweg unter den Füßen gespürt, die vorhandenen Geräusche gehört, der Geruch von frisch gemähtem Gras wahrgenommen wird – ebenso wie die Gedanken und Assoziationen, die einem durch den Kopf gehen.

Neben Sehen, Hören und Spüren können auch andere Sinnesmodalitäten, wie z. B. Schmecken und Riechen, mit einbezogen werden.

Weitstellen als »die kleine mentale Entspannung im Alltag«

Im Alltag lässt sich das Weitstellen als eine Form der »mentalen Entspannung« in vielfältigen Situationen anwenden: beim Aufwachen, beim Sport, beim Essen, bei der Arbeit am PC, beim Fernsehen etc. Weitstellen bedeutet, aufzuhören, automatisch engzustellen. Wenn man eine SMS auf dem Handy liest, am PC arbeitet oder mit anderen Menschen spricht, so bedeutet weitstellen, gleichzeitig bewusst *auch* den Raum um sich herum wahrzunehmen, in ihn hineinzuspüren und hineinzuhören. In vielen Sport- und Bewegungsarten ist das Weitstellen eine wesentliche Voraussetzung für den

Erfolg – von Yoga über das Laufen bis hin zum Fußball. Erfolgreiche Lehrkräfte zeichnen sich dadurch aus, dass sie »Augen im Hinterkopf haben[21]« und erfolgreiche Rednerinnen und Redner fesseln ihre Zuhörer auch dadurch, dass sie während ihrer Rede das Auditorium weitgestellt wahrnehmen und so buchstäblich alle ansprechen.

3.2.4 Vierter Schritt: KAW auf das Zentrum des Angenehmen und das Zentrum des Unangenehmen (KAW-Übung 4)

Ziel dieser Übung ist es, das Wesentliche, den Kern, die Essenz einer Erfahrung oder Wahrnehmung konstatierend wahrzunehmen.

> **Selbstanleitung zur vierten Übung, Teil 1: Das Zentrum des Angenehmen**
> Vorbereitend für diese Übung suche ich mir eine Situation aus, die ich erlebt habe, und bei der das Gefühl des Wohlbefindens zugleich mit dem Gefühl innerer Ruhe verbunden war. Es geht dabei um eine zurückliegende Erinnerung, nicht um die aktuelle Befindlichkeit.
> Zu Beginn der Übung stelle ich meine Aufmerksamkeit konstatierend weit und richte dann den Fokus meiner Aufmerksamkeit auf das *Gefühl* des Angenehmen in der erinnerten Situation. Ich schaue es mir an, spüre hinein: Was ist die Essenz, der Kern, das Zentrum dieses angenehmen Gefühls? Die Antwort kann ein Bild, ein Begriff, ein Ton, ein körperliches Empfinden sein.

Hinweise für das Üben

Es ist ratsam, zunächst etwas Gegenständlich-Anschauliches auszuwählen, einen schönen Ort, ein Erlebnis in der Natur oder ruhige Musik, also eine Situation, in der man sich rundherum wohlgefühlt hat. Mit einer sozialen Situation zu beginnen, empfiehlt sich nicht, denn andere Menschen lösen häufig gleichzeitig angenehme und unangenehme Gefühle aus.

3 »Gelassen schauen«: Das Konstatierende Aufmerksame Wahrnehmen

Wenn die Frage nach der Essenz, dem Wesentlichen gestellt wurde, kann das, was sich als Kern des Angenehmen entfaltet, in unterschiedliche Sinnesempfindungen gekleidet sein. Das kann ein Gedanke sein, ein Wort, ein Gefühl, ein Bild, ein Geräusch oder ein Empfinden.

Wenn dies nicht gleich gelingt, hilft vielleicht die folgende Vorübung, nämlich sich zu fragen, was die Essenz eines z. B. schönen Frühlingstages ist[22]. Hineinschauen, hineinlauschen, hineinspüren bedeutet nicht, die Eckdaten zu definieren (»24 Grad warm, der Himmel blau ...«) oder zu erklären (»Schön ist so ein Tag, wenn ...«), sondern es geht darum herauszufinden, was für mich selbst die Essenz ist: Wärme auf der Haut, Sonnenlicht auf hellgrünen Blättern, Vogelstimmen am Morgen oder ein Gefühl von Freiheit.

Beispiel aus der Übungspraxis

> »Fast immer wurde während der Übung meine Atmung ruhiger und tiefer, was ich als äußerst angenehm empfand. Wenn ich wegen irgendeiner Sache innerlich aufgeregt war, was bei mir oft mit Herzrasen verbunden ist, beruhigte sich mein Herzschlag und wurde langsamer.«[23]

Selbstanleitung zur vierten Übung, Teil 2: Das Zentrum des Unangenehmen

In gleicher Weise wie oben wird hier die Aufmerksamkeit zunächst weitgestellt. Dann lasse ich mir eine unliebsam, unerquickliche Situation in den Sinn kommen und nehme das Gefühl des Unangenehmen konstatierend aufmerksam wahr. Während sich die damit verbundenen Gefühle entfalten, frage ich mich, was das besonders Unangenehme, die Essenz, der Kern des Unangenehmen in dieser Situation war und nehme dies eine kurze Zeit lang aufmerksam konstatierend wahr.

3.2 Das KAW-Übungsprogramm

Auf den ersten Blick bedarf es mehr Mut, sich dieser Befindlichkeit auszusetzen. Doch die Krux an einer Sache zu finden und zu benennen, ist oftmals mit Empfindungen von Erleichterung verbunden[24].

Als Vorübung kann hier, ähnlich wie beim schönen Frühlingstag, ein unangenehmer Tag – zum Beispiel ein nasskalter Wintertag – gewählt und nach der Essenz des Unangenehmen geschaut werden.

Weitstellen bei dieser Übung bedeutet, pragmatisch gesehen, »mehr als eine Sache« wahrzunehmen und das kann auch über einen anderen Sinneskanal sichergestellt werden. Während etwas Unangenehmes ins Zentrum der Aufmerksamkeit genommen wird, kann Weitstellen zum Beispiel heißen, parallel dazu schöne Musik zu hören, das laufende Fernsehprogramm am Rande mitzuverfolgen oder die Umgebung zu betrachten.

Einige werden auch die Erfahrung machen, dass das KAW auf das Zentrum des Unangenehmen keine unmittelbare Erleichterung bringt. Der Prozess der Entkoppelung des Affekts (das Unangenehme) kann länger dauern (▶ Kap. 5). Manche Seminarteilnehmende berichten, dass sie sich automatisch fragen: »Was mache ich jetzt?« Hier gilt es, diese Frage wahrzunehmen, ihre Beantwortung innerlich zu vertagen und für den Moment dabeizubleiben und das Zentrum des Unangenehmen konstatierend anzuschauen: »so ist es es«, »so fühlt es sich an«, oder »das kann passieren«.

3.2.5 Allgemeine Hinweise zum Üben

Vorbereitung auf die Übung: Manchmal ist es hilfreich, erst einmal den Kopf freizubekommen. Dafür eignet sich die Übung »Pakete packen« (▶ Kap. 3.2 oder das integrierende KAW ▶ Kap. 3.3).

Dauer der Übungen: Die Zeitangaben sind als Orientierung für den Anfang gedacht. Nach einiger Übung werden viele die aufkommende Entspannung genießen und länger dabeibleiben.

3 »Gelassen schauen«: Das Konstatierende Aufmerksame Wahrnehmen

Übungsanleitung: Grundsätzlich reicht es, sich die Idee der Übung vorzustellen und sie »einfach« auszuführen. Zur Unterstützung sei empfohlen, sich eine Tonaufnahme zu erstellen.

> Eine Studentin hat sich die Anleitung auf ihr Smartphone gesprochen und spielt sie auf dem Heimweg im Bus ab, nachdem sie erst einige ihrer Lieblingssongs gehört hat.

Ort und Zeit: Die KAW-Übungen können prinzipiell in allen Situationen praktiziert werden, in denen die Aufmerksamkeit nicht anderweitig gebraucht wird. So kann KAW zum festen Bestandteil des Alltags werden. Zu Beginn ist es jedoch hilfreich, einen Zeitraum für das Üben einzuplanen, etwa beim Sport, beim Musikhören, beim Warten in der Schlange, in Bus und Bahn oder vor dem Einschlafen.

Variation der Übungen: Je interessanter und komplexer, je unbekannter und angenehmer das ist, worauf der Fokus des KAW gerichtet wird, desto leichter ist es, ins Üben zu kommen. Mit der Zeit kann die Herausforderung besonders darin liegen, Altbekanntes und automatisiert Wahrgenommenes genauer anzuschauen, zu hören und zu spüren: Gegenstände und Geräusche, die einen täglich umgeben und mit denen keine besonderen Gefühle verbunden sind, körperliche Verfassungen, die für einen alltäglich und unspektakulär sind.

Aufzeichnung der Erfahrungen: Es kann motivierend und erhellend sein, die Übungserfahrungen aufzuschreiben, um rückblickend Entwicklungen feststellen und Fortschritte oder Barrieren erkennen zu können. Daher ist es sinnvoll, ein persönliches Tagebuch anzulegen, in dem stichwortartig Datum, Dauer, Art und Gegenstand des KAW sowie Qualität und Auswirkungen der Übung festgehalten werden. Dabei empfiehlt es sich, das Ausmaß der inneren Belastung vorher und nachher auf einer Skala von »0« (keine) bis »10« (extrem hoch) einzuschätzen.

Wenn es nicht gelingt: Wir machen immer wieder die Erfahrung, dass Menschen ganz angetan sind von der entspannenden Wirkung des KAW. Sie nehmen sich vor, sich auf das Trainingsprogramm einzulassen, merken jedoch, dass es ihnen so geht, wie mit anderen »guten Vorsätzen«: es klappt nicht, sich dazu aufzuraffen, oder das Vorhaben gerät gerade dann in Vergessenheit, wenn Gelegenheit dazu wäre. Hier können wir dazu ermutigen, einfach weiterzulesen und die in den nächsten Kapiteln dargelegten Schritte bei der Introvision – auch ohne das KAW ausführlich geübt zu haben – auf die Frage anzuwenden, was einen davon abhält, KAW zu üben. »Was geht mir durch den Kopf, nachdem ich mir gesagt habe, jetzt könnte ich eigentlich eine KAW-Übung machen?« Es gilt, den auftauchenden Hinderungsgründen ins Auge zu schauen und sich wieder gelassener dem Üben zuzuwenden.

3.3 KAW für Fortgeschrittene

So schön und entspannend das konstatierende Wahrnehmen von Sinnesempfindungen auch sein mag – im Alltag haben es die meisten von uns überwiegend mit dem Aufnehmen und Verarbeiten von Gedanken zu tun: Nachrichten lesen, Mails schreiben, Probleme lösen, Pläne machen, Ideen entwickeln. Wie lässt sich KAW auf diese Prozesse anwenden?

Im Folgenden werden dazu drei neuere Anwendungen des KAW dargestellt, die in jüngerer Zeit von der Erstautorin entwickelt wurden. Bei den ersten beiden geht es um KAW auf Gedanken, die dritte eignet sich als KAW-Übung für zwischendurch in fast allen Lebenslagen.

KAW-Anwendung I: »Problemen gelassen ins Auge schauen«: KAW bei der Lösung sachlicher Probleme

In der ersten Übung geht es um die Anwendung der nicht-eingreifenden weitgestellten konstatierenden Aufmerksamkeit auf gedank-

3 »Gelassen schauen«: Das Konstatierende Aufmerksame Wahrnehmen

liche Probleme: offene Fragen, Unklarheiten, fehlende Ideen, mangelnde Entscheidungen, unaufgelöste Ist-Soll-Diskrepanzen – kurz auf Fehlstellen (Leerstellen, Widersprüche, etc.) im mentalen Apparat. Der erste Schritt besteht darin, die Frage zu formulieren, die einen beschäftigt, (zum Beispiel:»Was soll ich tun im Fall von XYZ?«) oder »Wo liegt das Problem?«, »Was tun bei...?«). Es genügt, dafür ein oder zwei Stichworte festzuhalten. Dann wird die Aufmerksamkeit vorab auf die Umgebung weitgestellt und der Fokus des KAW auf die offene Frage gerichtet. Die Kunst besteht nun darin, eine Zeit lang bewusst darauf zu verzichten, über diese Frage in der sonst üblichen Form nachzudenken – das kann später nachgeholt werden. Es reicht aus, den Fokus der weitgestellten Aufmerksamkeit konstant auf das selbstgewählte Stichwort zu richten, und ggf. etwaige auftauchende Ideen und Anregungen auf einem Stück Papier festzuhalten, um den Arbeitsspeicher zu entlasten. Auf diese Art und Weise wird dem eigenen mentalen Apparat, d. h. der eigenen epistemischen Informationsverarbeitung (▶ Kap. 2) die Möglichkeit gegeben in dem großen weiten Netzwerk unserer Gedanken und Gefühle[25] die einschlägigen Wissensbestände, Erkenntnisse, Bilder, Ideen und Empfindungen zu aktivieren und mit einander zu verknüpfen, ohne dass wir – wie sonst meist üblich – darin (zusätzlich) introferent eingreifen.

Beispiel: Präsentation
»Bei der Arbeit an einer Präsentation habe ich wiederholt ›KAW auf eine Leerstelle‹ gemacht. Am Anfang ging es um die Frage der Grundstruktur dieser Präsentation, sozusagen das Gerüst. Statt wie sonst gleich anzufangen, eine Gliederung zu entwerfen und diese dann mehrfach wieder zu überarbeiten, umzustoßen und neu anzufangen, setzte ich mich stattdessen in meinen Lieblingssessel und nahm den vorgegebenen Titel dieser Präsentation in den Fokus (›Präsentation zu ...?‹) Ich schaute diese Frage konstatierend aufmerksam an, mit Papier und Bleistift neben mir, und ließ sie auf mich wirken und tat – außer KAW zu machen und weitzustellen auf meine Lieblingsmusik – nichts. Nach mehreren Minuten hatte ich plötzlich die grobe Gliederung vor Augen, mit entsprechenden

Stichworten, die ich dann notierte – und später umsetzte. Diese Präsentation wurde ein großer Erfolg.« (50)

Insbesondere bei komplexeren Problemen empfiehlt es sich, dieses KAW länger durchzuführen, eine halbe oder dreiviertel Stunde zum Beispiel, und dann auch nicht sofort eine Antwort zu erwarten. Manchmal taucht diese Antwort erst am nächsten Morgen auf – und manchmal auch erst später.

Auf dieselbe Art und Weise lässt sich das KAW auch anwenden, um das, was man gerade gelernt hat, zu vertiefen, sich auf das Schreiben schwieriger Texte vorzubereiten oder am Abend den Tag Revue passieren zu lassen. Das Besondere besteht darin, auf diese Weise Gedanken, Einsichten, Bilder und Gefühle von dem epistemischen Informationsverarbeitungssystem (▶ Kap. 2) verarbeiten zu lassen, ohne, wie sonst üblich, in diesen Prozess bewusst introferent einzugreifen.

KAW-Anwendung II: »Sich selber beim introferenten Eingreifen zuschauen«

Die folgende Anwendung des KAW hat zwei Ziele: Erstens geht es darum, einen anschaulichen Begriff davon zu bekommen, was mit Grundbegriffen der TMI, dem introferenten Eingreifen, Überschreiben, Imperieren, Ausblenden und Hemmen gemeint ist. Sie ist als Anleitung dazu gedacht, diese oft blitzschnell ablaufenden Prozesse in uns selbst liebevoll-konstatierend zu entdecken und zu beobachten, »so wie sie sind«. Tun wir dies öfter, so führt dies dazu, dass sie entautomatisiert werden und vielfach von allein aufhören – und dies führt »wie von selbst« dazu, dass wir das, was wir gerne tun, noch etwas müheloser (und fließender und somit besser) tun als zuvor.

Nehmen Sie etwas, das Sie gerne und oft und zur eigenen Entspannung tun, vielleicht etwas, worin Sie auch gerne ein wenig besser werden möchten: zum Beispiel Sudoku lösen, Gedichte schreiben oder auch Gedichte auswendig lernen, laufen, am Auto schrauben, am Computer spielen, Bogen schießen lernen[26], im Garten arbeiten, ein Musikinstrument spielen, zeichnen, mathematische Probleme lösen oder ähnliches. Es sollte etwas sein, das Sie (auch) alleine machen können und in das Sie sich gerne vertiefen. Und falls das möglich ist, so notieren Sie bitte etwaige Beobachtungen, Fortschritte und Ergebnisse dieser KAW-Übung.

Die Aufgabe besteht darin, diese angenehme Tätigkeit wie gewohnt durchzuführen und konstatierend wahrzunehmen, was Ihnen dabei *in Bezug auf diese Tätigkeit* durch den Kopf geht.

1. Suchen Sie sich ggf. einen Ausschnitt aus dieser Tätigkeit aus, der Sie interessiert: beim Klavierspielen zum Beispiel eine Stelle, an der Sie sich gewohnheitsmäßig »verspielen«, beim Zeichnen, was Ihnen durch den Kopf geht, wenn Sie ein neues Bild beginnen, beim Laufen durch den Wald der Lauf über unebenes Terrain.
2. Nehmen Sie konstatierend und weitgestellt wahr, was Ihnen dabei durch den Kopf geht: die vielen blitzschnell ablaufenden Gedanken, inklusive etwaiger Bilder, Gefühle, Töne – ohne einzugreifen.
3. Achten Sie insbesondere auf blitzschnelle Bewegungen des automatischen introferenten Eingreifens, die Ihnen auffallen – und nehmen Sie diese aufmerksam konstatierend wahr, »so wie sie sind«. Anders ausgedrückt: verzichten Sie darauf, sich bewusst zu imperieren, ›das muss ich anders machen‹.
   – Beispiel 1: wenn Ihnen auffällt, dass Sie sich gewohnheitsmäßig ärgern, dann wenden Sie die Standbildmethode an (▶ Kap. 5.2) und beobachten Sie in der Erinnerung an eine bestimmte Situation, *wie* diese innere Bewegung des Sich-Ärgerns vollzieht, das Einengen der Aufmerksamkeit, das »miese Gefühl«, das Ansteigen der Anspannung etc. Beobachten Sie diese Bewegung »so, wie sie ist« – schauen Sie sich diese an, spüren Sie in sie hinein.

3.3 KAW für Fortgeschrittene

- Beispiel 2: wenn Ihnen auffällt, dass Sie gewohnheitsmäßig und blitzschnell bestimmte Lösungsstrategien verwerfen, bestimmte Ideen ausblenden und bestimmte Gedanken überschreiben, dann sehen Sie sich das – ggf. ebenfalls mit Hilfe der Standbildmethode – ebenso konstatierend weitgestellt an, wie den Prozess des Sich-Ärgerns.
- Beispiel 3: dasselbe gilt für unwillkürliche oder auch willkürliche muskuläre Anspannungen, die blitzschnelle Einschätzung der Umwelt beim Laufen etc.

Ziel ist es, auf diese Weise die verschiedenen Formen des Überschreibens, Hineintragens, Imperierens und Ausblendens, des Enger- und Weiterstellens der Aufmerksamkeit zu entdecken, zu explorieren und in sich selbst zu beobachten – und diese dann auch bei anderen Menschen, in Texten und Schriften wiederzuerkennen. Ein zweites und ebenso wichtiges Ziel ist es, auf diese Weise: sprich durch das wiederholte konstatierende Wahrnehmen, das *automatische* Ablaufen dieser Eingreifprozesse zu de-automatisieren – und somit viele kleinen unnötige Anspannungen und Blockierungen aufzulösen.

Insofern handelt es sich um *Introvision auf die eigenen automatischen Prozesse des Eingreifen bei der entsprechenden Tätigkeit*, um die es hier geht.

Anwendung III: Integrierendes KAW

Zum Abschluss dieses Kapitels folgt nun noch eine von A. C. Wagner 2015 entwickelte neue KAW-Übung, die dazu dient, KAW und Blitzintrovision (▶ Kap. 2 und ▶ Kap. 5) in einen arbeitsreichen Alltag zu integrieren. Ausgangspunkt dafür ist eine Momentaufnahme (ein »screenshot«) dessen, was gerade im eigenen Bewusstsein aktiviert ist. Diese vielleicht vier oder fünf unterschiedlichen Gedanken, Erinnerungen, körperlichen Empfindungen werden zunächst nacheinander kurz konstatierend wahrgenommen. Dann wird das, was jeweils am meisten in den Vordergrund drängt, eine Weile lang konstatierend weitgestellt wahrgenommen, ohne das andere aktiv auszublenden – und von Fall zu Fall kann darauf auch eine Blitzintrovision gemacht werden.

Der folgende Bericht veranschaulicht, was damit gemeint ist.

»Heute Morgen habe ich, während der PC hochgefahren wurde, integrierendes KAW gemacht. Meine mentale Momentaufnahme zeigte: Anspannung, Gedanken an bestimmte Dinge, die heute zu erledigen waren, sowie Angst vor einer unangenehmen Mail. Diese Angst drängte sich als erstes in den Vordergrund, deshalb habe ich darauf Blitzintrovision gemacht (»Ja, es kann sein, dass sie kommt«). Anschließend machte ich KAW nacheinander auf die zu erledigenden Aufgaben, dies führte schnell zu praktischen Lösungen. Dann kam das KAW auf die Anspannung; auf diese Daueranspannung mache ich öfter KAW; das KAW heute Morgen führte dazu, dass ich mich spontan etwas entspannter hinsetzte. Ein erneuter »screenshot« zeigte dann, dass ich mich jetzt auf den Tag freue – und nun entspannt und weitgestellt anfangen konnte, meine Mails zu lesen.«

3.4 Wie sich Konstatierendes Aufmerksames Wahrnehmen auswirkt

Die hier aufgeführten KAW-Übungen dienen dazu, im Alltag (Psychotonusstufe 4 oder höher) in die gelassenheitsförderliche Haltung des konstatierenden Wahrnehmens umschalten zu können.

Engstellen führt zu Erregungssteigerung, denn dafür wird Energie gebraucht, um andere mentale Prozesse zu hemmen. Deshalb führt das Weitstellen des Bewusstseins bereits zu einer gewissen mentalen und körperlichen Entspannung. Diese Erfahrung ist vor allem für die Menschen eine gute Nachricht, denen es zunächst als eine Hürde erscheint, KAW über ein Übungsprogramm erlernen zu müssen, um erst dann durch Introvision auf belastende Probleme (wieder) gelassener reagieren zu können. KAW ist also nicht nur Vorbedingung für die erfolgreiche Anwendung der Introvision, sondern bereits für sich genommen gelassenheitsfördernd. Es fördert Lernen und Behalten, erleichtert das Einschlafen, kann Müdigkeit verringern, zu Entspannung und Stimmungsregulation beitragen und zur Abnahme von Schmerzen führen.

In einem Seminar

»Einige Wochen später saß ich in einem Seminar und war dabei aufgrund meiner leichten, aber dennoch andauernden Knieschmerzen in einem genervten Zustand. Dabei half mir das somatosensorische Weitstellen mit einem konstanten Fokus auf ein nicht schmerzendes Körperteil sehr, diesen Zustand zu ändern und mein Allgemeinbefinden zu verbessern.«

Beim Stockkampf

»Insgesamt bewirkt das weitgestellte KAW Folgendes: Mein Atem beruhigt sich. Mein Puls beruhigt sich. Ich sehe/spüre, was um mich herum geschieht. Ich habe Gelegenheit, mich zu sammeln. (...) Ich kann mit Niederlagen besser umgehen. Das Training wird effektiver.«[27]

3.5 Zusammenfassung

KAW ist eine Methode des nicht eingreifenden Wahrnehmens, um kurzfristig mental zu entspannen, sich müheloser konzentrieren und im Tun aufgehen zu können. In der Lage zu sein, aufmerksam konstatierend wahrzunehmen, ist zudem die Voraussetzung für die

3 »Gelassen schauen«: Das Konstatierende Aufmerksame Wahrnehmen

Anwendung der Introvision. KAW bedeutet den Blick, das Gehör, die körperliche Empfindung, bestimmte Gedanken oder andere Eindrücke eine Weile lang auf etwas zu richten und dabeizubleiben. Die Aufmerksamkeit ist zugleich weitgestellt, sodass andere Bewusstseinsinhalte nicht aktiv ausgeblendet werden.

Mithilfe von vier Grundübungen und drei Übungen für Fortgeschrittene wird der konstatierende Bewusstseinszustand in Einzelschritten und anhand von Beispielen nachvollziehbar und erlebbar gemacht. Geübt werden kann in einem selbstgewählten Rahmen ebenso, wie in ganz alltäglichen Situationen. Allgemeine Hinweise zum Praktizieren der Übungen und Beispiele für die langfristigen Auswirkungen werden gegeben.

4

»Das Auge des Problems«: Den Kern des Konflikts finden

Wie Nicht-Gelassenheit durch introferentes Eingreifen in die konstatierende Art und Weise der mentalen Selbstregulation entsteht, wurde in Kapitel 2 ausführlich dargelegt (▶ Abb. 2.2). Um Gelassenheit zurückzugewinnen, wird der Kern dessen, was so unangenehm ist, dass automatisch oder willentlich eingegriffen wird, auf eine bestimmte Art und Weise angeschaut. Die Methode des Konstatierenden Aufmerksamen Wahrnehmens und das dazugehörige Trainingsprogramm wurden in Kapitel 3 erläutert.

Nachdem wir dargelegt haben, *wie* in die mentale Selbstregulation (wiederholt) eingegriffen wird, fragen wir in diesem Kapitel *womit* genau, denn zur Auflösung von Konflikten ist es notwendig,

- auftretende Konflikte erkennen und sie in ihrer Unterschiedlichkeit benennen zu können (▶ Kap. 4.1),
- einen bedeutsamen Konflikt willentlich aktivieren zu können (▶ Kap. 4.2),
- sich damit auszukennen, auf welche Weise das Bewusstsein versucht, einen Konflikt zu beenden oder ihm zu entgehen (▶ Kap. 4.3), sowie
- einen Konflikt bis zu seinem Kern zurückverfolgen zu können (▶ Kap. 4.4).

Dabei beginnen wir mit den sogenannten »dicken Klöpsen«, also mit denjenigen Konflikten, die erfahrungsgemäß bei unseren Kursteilnehmenden als erstes auftauchen. Dies sind oft akute Konflikte auf Psychotonusstufe 6, z. B. Angst, Wut, Blockaden oder Entscheidungsdilemmata. An diesen Beispielen lässt sich der Weg zum Kern eines Konflikts besonders gut erkennen und erklären.

4.1 Muss/Darf-Nicht-Selbstalarm: Subjektive Imperative

Wenn die mentale Selbstregulation ins Stocken gerät, so wurde in Kapitel 2 verdeutlicht, ist das noch kein innerer Konflikt. Denn es ist möglich, Irritationen, Inkongruenzen und Nichtwissen (▶ Abb. 2.3) anzuerkennen – also konstatierend wahrzunehmen – und somit gelassen damit umzugehen. Ein innerer Konflikt entsteht erst dann, wenn diese Widersprüchlichkeiten mit Imperieren verbunden sind. Beispiele für imperativisch aufgeladene – kurz: imperativische – Sollvorstellungen sind:

> »Das *darf nicht sein*, dass ich gleich erröte!«, »Er *muss* das doch akzeptieren!«, »Ich *muss* heute noch fertig werden!«, »Das *darf*

4.1 Muss/Darf-Nicht-Selbstalarm: Subjektive Imperative

doch nicht wahr sein, dass die Bahn schon wieder Verspätung hat!«, »Das *muss* doch jeder begreifen!«

Konflikte entstehen also durch die wahrgenommene mögliche oder bereits eingetretene Verletzung von subjektiv gültigen Imperativen. Der Begriff »imperare« heißt »befehlen«. In der Grammatik steht »Imperativ« für »Befehlsform«. Eine bestimmte Sichtweise oder Handlung wird dabei sich selbst vorgeschrieben, aufgedrängt oder aufgezwungen und festgehalten. Das, was man sich aufzwingt, können dabei ganz unterschiedliche Sollvorstellungen sein, epistemisch richtig oder nicht, rational (rote Ampeln beachten), ethisch begründet (nicht töten), technisch (zum Starten des Autos den Schlüssel herumdrehen) oder pragmatisch (beim Antritt einer Fernreise für die Anreise Pufferzeit einplanen).

Wir können auch »einfach so« Gebote einhalten, tun, was notwendig ist, ohne in innere Konflikte zu geraten.

Subjektive Imperative zeichnen sich durch das Gefühl aus, dass etwas unbedingt sein muss, gerade weil es möglich ist, dass es nicht eintritt. Oder etwas darf gefühlsmäßig gesehen auf keinen Fall sein, von dem anzunehmen ist, dass es eintreten könnte – oder bereits eingetreten ist.

Imperative und die dazu gehörige Sub- bzw. Ist-Kognition

Subjektive Imperative sind Sollvorstellungen, die sich jemand imperiert. Wir haben viele Sollvorstellungen gespeichert, zum Beispiel: »Für diese Prüfung muss ich lernen, weil ich noch nicht genug dafür weiß.« Oder »Für eine Prüfung soll man lernen.« Diese Sollvorstellung kann man sich zusätzlich imperieren, d. h. sich aufzwingen, sich unter Druck setzen, etwas zu tun: erst dann ist dies zugleich ein subjektiver Imperativ.

Subjektive Imperative aktiviert man genau dann, wenn man weiß, dass es sein kann, dass man – ohne diesen subjektiven Imperativ – etwas anderes tun würde: zum Beispiel Computerspiele spielen, im Internet recherchieren, essen gehen. Die epistemische Erkenntnis:

4 »Das Auge des Problems«: Den Kern des Konflikts finden

> Druck) oder passiv sein (sich durch etwas angetrieben oder unter Druck gesetzt fühlen).
> 4. **Tunnelblick, Engstellung:** Die Aufmerksamkeit ist eingeengt, kaum etwas Anderes kann wahrgenommen, gedacht oder gefühlt werden. Das Bewusstsein ist damit befasst, die negativen Empfindungen loszuwerden (grübeln, kreisen). Das bindet Ressourcen und die Handlungsfähigkeit ist eingeschränkt.[2]

Diese vier Merkmale können mehr oder weniger stark ausgeprägt sein – von einem leichten Gefühl der Dringlichkeit bis hin zur Panik. Anhand dieser Anzeichen lässt sich also erkennen, ob ein kleinerer oder größerer Imperativverletzungskonflikt vorliegt. Imperative sind auch daran zu erkennen, dass es mehr oder weniger schwerfällt, von ihnen abzulassen und auf die darin enthaltene epistemische Erkenntnis konstatierend zu schauen (» Es kann sein, dass ...«, »Ja, so ist es, ...«). Typisches Merkmal für einen Imperativverletzungskonflikt ist, dass sich die Gedanken dabei endlos im Kreis drehen[3]. Ein Beispiel:

> Ein Kollege hat einen verletzenden Spruch gemacht und mir fällt erst sehr viel später ein, mit welcher Entgegnung ich souverän hätte kontern können. Stattdessen habe ich gar nichts gesagt. Abends vor dem Einschlafen geht mir die Szene immer wieder durch den Kopf. Das darf doch nicht wahr sein, dass ich dastand und nichts gesagt habe!

Grund für das Endloskreisen in diesem Beispiel ist das imperativische Festhalten an einer Sollvorstellung (»Es darf doch nicht wahr sein, dass ich nichts gesagt habe!«), die in direktem Widerspruch zur wahrgenommenen Realität steht. Und der Versuch, diesen Widerspruch zu ignorieren, scheitert momentan daran, dass die damit gekoppelte Erregung (»Das darf doch nicht wahr sein!«) so hoch ist, dass sie das Einschlafen eine Weile lang verhindert.

Imperativen ist auch auf die Spur zu kommen, indem der Inhalt konstatierend – also als Ziel, Erwartungen oder Selbstanweisung

4.1 Muss/Darf-Nicht-Selbstalarm: Subjektive Imperative

formuliert und dem inneren Echo darauf nachgespürt wird. Die Sollvorstellung »Ich muss pünktlich sein« kann in diesem Fall konstatierend gemeint sein: »Ich sehe, dass es notwendig ist, pünktlich zu sein.« Der Satz kann aber auch imperativisch aufgeladen sein.

> Eine Arbeitnehmervertreterin kann durchaus im objektiven Interessenkonflikt stehen mit dem Arbeitgeber, um Fragen der angemessenen Bezahlung und daher einen Arbeitskampf vorbereiten. Dabei kann sie vor Augen haben, dass sich die Positionen aus der jeweiligen Interessenslage ableiten, ohne deshalb auch persönlich in einen inneren Konflikt zu geraten.

Ein weiterer Alltagstest ist, die mit der Zielvorstellung (oder eben der imperativischen Sollvorstellung) verbundene (Möglichkeits-)Vorstellung konstatierend wahrzunehmen (»Es kann sein, dass...«; »Ja, so ist es.«). Wenn dies mühelos gelingt, ohne dass der Psychotonus ansteigt, ist diese Sollvorstellung nicht oder jedenfalls nicht besonders stark imperativisch aufgeladen (Psychotonusstufe 4 oder geringer).

> »Ich muss noch Wäsche waschen!« – »Es kann sein, dass ich das heute nicht mehr schaffe.« – »Ich darf nicht vergessen, den Müll runterzubringen!« – »Es kann sein, dass ich es vergesse«.

Wenn das Bewusstsein mehr damit beschäftigt ist, den Konflikt loszuwerden, als damit, ein Ziel zu erreichen, dann ist das ein Anzeichen dafür, dass es mit einem akuten Konflikt befasst ist.

Imperative an der Sprache erkennen

Imperativische Sollvorstellungen sind auch an sprachlichen Merkmalen zu erkennen. Der direkteste Hinweis ist das unmittelbare Ansprechen eines Imperativverletzungskonflikts:

> »Davor habe ich Angst!«, »Da kriege ich die Wut!«, »Das kann ich kaum aushalten!«.

Aussagen mit Überverallgemeinerungen (alles, immer, nie, keine, total), sachlich nicht angemessene Übertreibungen, wertende Ausdrücke, sprachliche Druckmacher (müssen, nicht dürfen, sollen), Flüche und Schimpfwörter sind Indikatoren für imperativische Sollvorstellungen. Auch an sprachlichen und nichtsprachlichen Hinweisen auf erhöhte Erregung und Anspannung lassen sich Imperative nachvollziehen (z. B. ärgerlich, ängstlich, aufgeregt, sehr laut und sehr leise). Ausführungen, die ohne Sinnentstellung mit einem inneren Ausrufezeichen versehen werden können, verweisen ebenfalls auf Imperative. Aber auch die Verwendung von Füllwörtern kann auf einen Imperativ hinweisen, wie hier in diesem Beispiel:

»*Also*, ich denk mal, ich werd' *ja auch* fertig, *also es ist ja nicht so*, daß ich mich *irgendwie* verstrickt hätte, *oder so*, sondern, daß ich *eigentlich relativ* geplant *auch* so lange studiere (...)«[4]

Hier versucht eine Studentin die ihr unangenehme Tatsache wegzuschieben, dass sie im 16. Semester studiert. Die eingetretene Situation kollidiert mit dem Imperativ. »Das darf nicht sein, dass ich so lang studiere!«[5]

Imperativverletzungskonflikte als Ursache für fehlende Gelassenheit

So wie es kleine, mittlere, große und haushohe Wellen gibt (▶ Kap. 2), so gibt es auch kleine, latente, mittlere, große und »haushohe« Imperativverletzungskonflikte. Die Introvision setzt in der Regel bei großen bis »haushohen« Konflikten an, den sogenannten »dicken Klöpsen[6]« , weil diese sich wegen der hohen damit verbundenen Erregung in den Vordergrund des Bewusstseins drängen (Psychotonusstufe 6–7) oder mit erheblicher Anspannung unterdrückt werden (Psychotonusstufe 5). Die pragmatische Gelassenheit im Alltag (Psychotonusstufe 4 ▶ Kap. 1) zeichnet sich dadurch aus, dass momentan keine großen Imperativverletzungskonflikte aktiviert sind. »Kleine Wellen«, erste leichte innere Unruhe kann auch schon in Psychoto-

4.1 Muss/Darf-Nicht-Selbstalarm: Subjektive Imperative

nusstufe 4 auftreten, denn genau genommen bedeutet bereits die Aktivierung eines subjektiven Imperativs, ein erster, sehr kleiner Konflikt, gewissermaßen eine Mini-Welle (▶ Kap. 2), die jedoch normalerweise im Getümmel des Alltags nicht besonders auffällt. Diese wird aber meistens erst dann als akuter Konflikt wahrgenommen, wenn sie durch einen inneren oder äußeren Anlass nicht erfüllt wird – und auf diese Weise ein akuter Imperativverletzungskonflikt entsteht (Psychotonusstufe 5–7). Im Zustand von Flow-Erleben treten hingegen – in den momentan bewussten Kognitionen – praktisch keine Imperativverletzungskonflikte auf. Das macht diesen Zustand so angenehm und wohltuend.

Für die Introvision ist es hilfreich zwischen verschiedenen Konfliktarten zu unterscheiden

Worum kreisen die Gedanken bei einem akuten Konflikt? Um bei der Introvision die passenden Fragen zu stellen, um zum Kern des Konflikts zu gelangen (▶ Kap. 5), ist es sinnvoll, zwischen verschiedenen Arten von Konflikten unterscheiden zu können. Die Abweichung besteht häufig zwischen dem, was (möglich) ist, und dem Imperativ: Die Wirklichkeit ist nicht so, wie sie sein müsste: Etwas ist geschehen oder kann geschehen, das nicht geschehen darf. Beispiele für solche Realitäts- oder Möglichkeitskonflikte sind:

- Ärger, Zorn, Wut (Etwas wird oder wurde getan, was nicht getan werden *darf!*)
- Kummer, Trauer, Niedergeschlagenheit (Verluste oder Schädigungen, die nicht rückgängig gemacht werden können)
- Neid (Jemand hat etwas, dass man selbst gerne hätte und *das darf nicht sein!*)
- Furcht, Angst (Etwas ist geschehen oder könnte geschehen, *was nicht sein darf,* oder etwas könnte nicht eintreten, *was geschehen muss!*)
- Eifersucht (Er oder sie tut etwas – oder könnte etwas tun, *was nicht sein darf!*)

- Hypochondrie (Diese Krankheit könnte ich haben und *das darf nicht sein!*)
- Stress als Folge einer bedrohlichen Situation (Das schreckliche Ereignis kann oder wird kommen und *das darf nicht sein!*)

Imperative können dabei mit anderen Imperativen kollidieren, sodass sie nicht gleichzeitig befolgt werden können, oder sie sind bereits in sich selbst unerfüllbar. Ein paradoxer Imperativ ist zum Beispiel die imperativische Selbstanweisung »Ich muss jetzt ganz locker und spontan sein!«. Die Person, die sich dies imperiert, versucht eine unerwünschte Verfassung der Angespanntheit nicht entstehen zu lassen, gerät aber gerade dadurch in Anspannung. Sie plant, ungeplant zu handeln – ein Widerspruch in sich.

Auch die Selbstanweisung, zukünftig gelassener im Leben unterwegs zu sein, kann auf diese Weise zu einer den Psychotonus steigernden Angelegenheit werde.

Manchmal sind Entscheidungen blockiert oder der Handlungsspielraum ist eingeschränkt, weil zwei Imperative gegeneinanderstehen und sich – subjektiv oder objektiv – nicht gleichzeitig erfüllen lassen. Die Erfüllung der einen Selbstvorschrift führt zur Verletzung der anderen (▶ Tab. 4.2).

Tab. 4.2: Imperativ-Imperativkonflikte: Beispiele[7]

Imperativ 1	Imperativ 2
Ich darf nicht unsicher wirken! (daher werde ich nichts sagen)	Es darf nicht sein, dass ich in der Masse untergehe! (daher werde ich etwas sagen)
Ich muss meine Leistung sichtbar machen! (… denn sonst werde ich übersehen und komme beruflich nicht weiter)	Man darf sich nicht aufspielen! (… denn das ist egoistisch und unsympathisch)

Während dieser Konflikt auftritt, wenn zwei Imperative verletzt werden, so ist die Verknüpfung beim Imperativ-Gegenimperativ-

Konflikt vergleichsweise enger, weil der Gegenimperativ immer schon im Imperativ enthalten ist und so mitmobilisiert wird (▶ Tab. 4.3).

Tab. 4.3: Imperativ-Gegenimperativkonflikte: Beispiele

Imperativ	Gegenimperativ
Ich muss die Führungsrolle ausfüllen! (...denn das, was hier passiert, liegt in meiner Verantwortung)	Das darf nicht sein, dass ich mich als Führungskraft aufspiele! (...denn Entscheidungen sollen von allen gemeinsam getroffen werden).
Ich muss Angst vor der Prüfung haben! (sonst bin ich nicht genug motiviert dafür zu lernen)	Das darf nicht sein, dass ich Angst vor der Prüfung haben! (sonst verpatze ich sie)

Das kann auch dazu führen, dass solche Imperativ-Gegenimperativ-Konflikte nicht direkt erkennbar sind, sondern sich indirekt daran zeigen, dass jemand nicht weiß, was zu tun ist. In so einem Fall handelt es sich um einen Widerspruch zwischen zwei einander ausschließenden Sollvorstellungen. Moralische Dilemmata, Rollenkonflikte und zwischenmenschliche Konflikte lassen sich oftmals auf Imperativkonflikte zurückführen.

Sich selbst aufgezwungene Sollvorstellungen können manchmal auch deshalb nicht eingehalten werden, weil das Wissen oder die Erfahrung nicht ausreicht, gemäß dem Imperativ zu handeln. Das ist auch der Grund, warum diese Art von Konflikt oftmals nicht nach außen getragen wird, denn da ist eine tatsächliche Leerstelle, die verborgen werden soll. Prüfungsangst kann z. B. damit zusammenhängen, dass die Person nicht genug gelernt hat und die Antworten auf Prüfungsfragen nicht kennt. Deshalb drehen sich die Gedanken im Kreis (»Ich muss es wissen!« – »Ich weiß es nicht.«).

Auch die Gewissheit, dass es nicht möglich ist, das Verhalten anderer Menschen zu kontrollieren, führt zu Ist-Soll-Diskrepanzen. Hier grübelt man darüber, dass andere sich nicht so verhalten, wie sie es unbedingt müssen.

4 »Das Auge des Problems«: Den Kern des Konflikts finden

Bei einem Konflikt-Konflikt verletzt die Tatsache, in einen inneren Konflikt geraten zu sein, einen Imperativ, der genau das verbietet. Wird also ein Konflikt bemerkt, entsteht zugleich Ärger darüber, dass man (schon wieder) diesen Konflikt hat – obwohl man doch schon viel weiter sein sollte.

> »Es kann doch nicht sein, dass ich mich immer noch aufrege, wenn ...«

Im Alltag zeigt sich diese Art von Konflikten z. B. auch an der Unzufriedenheit, dass man sich schon wieder einmal nicht aufraffen konnte, das zu tun, was man sich vorgenommen hat, oder an der Angst davor, entscheidungsunfähig zu sein.

> »Dass ich es schon wieder nicht geschafft habe ...!« »Das darf nicht sein, dass ich mich schon wieder nicht entscheiden kann!«

Ein Konflikt-Konflikt entsteht vor allem dann, wenn Menschen mit dem Anspruch an sich selbst leben, dass das Erkennen und Verstehen unerwünschter Befindlichkeiten, Gewohnheiten und Impulse unmittelbar zu deren Veränderung führen muss. In einer Kultur der Selbstoptimierung fehlt es oft an Gelassenheit im Umgang mit sich selbst. Wird die Diskrepanz zwischen der neuen Erkenntnis auf der einen Seite und den Einstellungen und Handlungen auf der anderen bemerkt, gerät man in Imperativverletzungskonflikte. Auch bei psychologisch geschulten Menschen kommt es vor, dass ihr neues Wissen zur Selbstvorschrift wird und eine Art »Druckkulisse« entsteht. Gelingt es nicht, das sich selbst abgeforderte neue Verhalten umzusetzen, werden Imperativverletzungskonflikte ausgelöst.

Die mit diesem Kapitel angestrebte Sensibilisierung für das Erkennen innerer Konflikte kann ebenfalls zunächst zu einer Zunahme diese Art von Konflikten führen, gerade wenn das Ziel ist, zukünftig gelassener zu werden.

4.1 Muss/Darf-Nicht-Selbstalarm: Subjektive Imperative

Tab. 4.4: KUMMER – verschiedene Konfliktarten[8]
Um es einprägsamer zu machen, wurden sie so entlang der Anfangsbuchstaben sortiert, dass sie zusammengenommen den Begriff KUMMER ergeben.

Konfliktart	Beispiel
Konflikt-Konflikt	»**Das darf nicht sein, dass ich diesen Konflikt habe!**« Ein neuer Imperativ (»Nie wieder werde ich …!«) wird über einen vorhandenen Imperativ gelegt. Diese Art von Konflikt taucht vor allem bei als problematisch erlebten Themen auf, die einen schon länger begleiten.
Umsetzungskonflikt	(1) »**Ich weiß, was ich tun sollte – aber ich schaffe es nicht!**« (2) »**Ich sollte … tun – aber ich weiß nicht, wie das geht.**« »**Ich muss jetzt spontan sein!**« (und das ist gerade deshalb unmöglich, weil ich es mir imperiere). Ein Umsetzungskonflikt entsteht, wenn die Handlung, die zur Erfüllung der Sollvorstellung erforderlich ist, fehlt.
Mag sein- oder **M**öglichkeitskonflikt	»**Dieses Schlimme könnte passieren!**« Hier kreisen die Gedanken um die Tatsache, dass die Realität anders sein könnte, als sie sein muss (sich Sorgen machen, sich ärgern über das, was sein könnte oder war).
Entscheidungskonflikt	»**Was soll ich nur tun?**« Gegensätzliche Imperative (»Ich muss mich einmischen!« – »Ich darf mich nicht einmischen!«) oder unvereinbare Bestrebungen (»Ich muss nett sein!« – »Ich muss mich durchsetzen!«) im Wollen, im Handeln oder in den Erwartungen an sich selbst, von anderen oder an andere.
Realitäts- oder Gewissheitskonflikt	»**Die Welt ist anders, als sie sein sollte!**« Gedanken kreisen um die Tatsache, dass die Realität nicht so ist, wie sie sein müsste (sich ärgern über das, was ist).

In Tabelle 4.4 sind die erläuterten Konflikte pragmatisch zusammengeführt in fünf Kategorien, um Imperativverletzungskonflikte zuordnen zu können. Die Eselsbrücke »Kummer« soll dabei helfen, sie sich einzuprägen (▶ Tab. 4.4).

4 »Das Auge des Problems«: Den Kern des Konflikts finden

Innere Konflikte sind spezifisch und für jeden Menschen anders

So einzigartig wie die Biographie eines Menschen, so individuell sind auch seine inneren Konflikte. Deshalb sprechen wir auch von *subjektiven* Imperativen. Für den einen ist es unerträglich, unpünktlich zu sein, für jemand anderen, der Pünktlichkeit ebenso für eine Tugend hält, ist es fraglos und erträglich, dass es ab und an vorkommen kann, verspätet zu einer Verabredung oder einem Termin zu kommen.

Im folgenden Beispiel geben zwei verschiedene Trainer Kletteranweisungen:

> Zwei Trainer in der Kletterhalle, die jeweils einen jungen Kletterer in der Anfängergruppe sichern:
> Der eine: »Das kann doch nicht ... benutze Deine Beine! Los, ich sehe doch, dass Du das kannst! Du musst Dich mit den Beinen abdrücken (Laute des Genervtseins). So kommst Du nicht voran!«
> Der andere: »Jetzt lässt Du am besten die rechte Hand los und greifst nach rechts oben. Siehst Du die rote Halterung? Es geht nicht? Versuch einmal, Dich mit den Füßen abzustoßen. Du gibst Kraft vor allem ins linke Bein.«

Deutlich wird, dass der eine Klettertrainer angesichts der Schwächen eines Schülers in einen Imperativverletzungskonflikt gerät, der andere jedoch nicht. Weiter unten wird die Spezifität von Imperativgeflechten noch deutlicher, wenn es um Imperativketten und -bäume geht (▶ Kap. 4.3). Wie wir Zugang zu diesem Geflecht bekommen können, darum geht es im nächsten Abschnitt.

4.2 Den Konflikt gezielt aktivieren: Das Nachträgliche Laute Denken

Um einen Konflikt aufzulösen, ist es zunächst erforderlich, den Konflikt real erfahrbar zu machen, ihn Revue passieren zu lassen, um daran imperativische Sollvorstellungen erkennen zu können. Nachträgliches Lautes Denken (NLD) ist eine Methode, die im Rahmen des Langzeitforschungsprogramms zur mentalen Selbstregulation (▶ Kap. 1) unter der Leitung von A. C. Wagner entwickelt[9] und vielfach empirisch eingesetzt wurde. Das NLD ermöglicht, den jeweiligen Kern eines inneren Konflikts aufzuspüren. Die zentrale Frage, die das NLD in Gang setzt, lautet: »Was geht mir in dieser Situation als erstes automatisch durch den Kopf?« Ziel ist es, die inneren Prozesse hier und jetzt abspielen zu lassen, sozusagen als O-Ton, oder als inneres Videoband, anstatt als Nacherzählung. Der Unterschied wird an diesem kleinen Dialog verdeutlicht:

> »Als ich in den Seminarraum kam, war mir bewusst, dass keine leichte Aufgabe vor mir lag, ich bin in solchen Momenten allgemein nicht sehr entspannt.« (Nacherzählung) »Was ging Ihnen automatisch durch den Kopf, als Sie die Tür zum Seminarraum öffneten?« »Oh, das darf nicht schief gehen!« (»O-Ton«)

Die Gewohnheit *über* das Erleben zu sprechen – sich erinnernd (»war mir bewusst ...«) und analysierend (»ich bin in solchen Momenten ...«) – wird abgelöst durch das *Nacherleben* der mit der Situation verbundenen Gedanken, Gefühle und körperliche Empfindungen. Manchen Menschen hilft es, sich vorzustellen, den inneren Film, das innere Videoband von dieser Situation an der entsprechenden Stelle erneut abspielen zu lassen.

Bei der Introvision geht es darum herauszufinden, was einem während eines akuten Konflikts als erstes durch den Kopf gegangen ist. Auf diese Weise werden bedeutsame Imperative besonders leicht

gefunden, denn sie sind akut mit Anspannung und Erregung verbunden.
Die Frage: »Was geht Ihnen durch den Kopf?« könnte als »verkopft« missverstanden werden, gespeist von der Vorstellung der Gegensatzpaare »Kopf und Herz« oder »Verstand und Gefühl«. Der Kopf wird hier jedoch verstanden als Ort umfangreichen mentalen Geschehens. Dazu gehören Gedanken, Erinnerungen, Einschätzungen, Ideen, Vorstellungen, Hoffnungen und Ziele ebenso wie Gefühle, Intuitionen und Empfindungen.

NLD braucht vielleicht etwas Übung, denn dabei geht es nicht um Beschreibung oder Analyse der Situation, sondern darum, etwas innerlich (nach)zuerleben. Genau diese Qualität eröffnet die Möglichkeit, sich dem Inhalt des Bewusstseins zuzuwenden. Für die Imperativanalyse ist entscheidend, was als erstes auftaucht. Voraussetzung für die Introvision ist die Fähigkeit, einem Konflikt ins Auge zu schauen, ohne sofort in ihn einzugreifen, um ihm zu entgehen. Damit befasst sich der nächste Abschnitt.

4.3 Dabeibleiben: Konfliktumgehungsstrategien erkennen

Gelassenheit ist die Folge einer mentalen Selbstregulation auf Basis des »Erkennens-Was-Ist« – den Dingen ins Auge schauen, ohne zusätzlich einzugreifen.

> »Es kann sein, dass ich krank werde.« »Ich habe den Anschlusszug verpasst und werde mich verspäten.«

Wenn jedoch etwas weggeschoben wird – es darf nicht sein – entsteht ein Imperativverletzungskonflikt. Am Beispiel eines Realitätskonflikts lässt sich das damit verbundene mentale Hängenbleiben in einer Endlosschleife besonders gut darstellen (► Abb. 4.1).

4.3 Dabeibleiben: Konfliktumgehungsstrategien erkennen

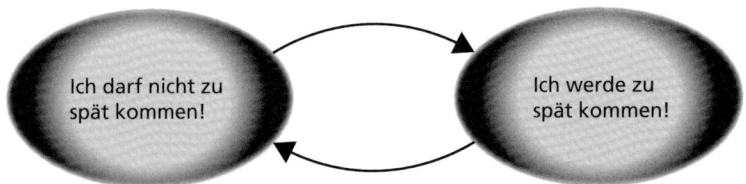

Abb. 4.1: Beispiel für das Hängenbleiben der Gedanken bei einem Realitätskonflikt

Doch das Bewusstsein bleibt meistens nicht hängen. Es hat eine ganze Reihe von Strategien entwickelt, den akuten Konflikt zu übertünchen und das Unangenehme auszublenden oder zu vermeiden. Viele dieser Überbrückungen einer Diskrepanz zwischen Ist und Soll laufen ganz automatisch ab. Um das anschaulich darzulegen sind Sie eingeladen, das folgende Beispiel innerlich nachzuvollziehen. Angenommen Ihnen passiert das Folgende:

> Sie haben für eine dienstliche Besprechung in ein naheliegendes Restaurant eingeladen. Als Sie ein paar Minuten vor der verabredeten Zeit eintreffen, stellen Sie fest, dass heute Ruhetag ist. Sie stehen vor der Tür des Restaurants und als erstes geht Ihnen durch den Kopf »Das darf doch wohl nicht wahr sein!«

In dieser Situation werden Sie sich möglicherweise aufregen. Eine Reihe von Gedanken gehen Ihnen durch den Kopf, die z.B. lauten könnten: »Wie stehe ich jetzt da mit meinem Organisationstalent!«, »Oh nein!«, vielleicht werden Sie sich selber herabsetzen (»Ich kriege im Moment aber auch nichts hin!«). Mag sein, dass Sie versuchen, sich selbst zu beruhigen (»Kann jedem mal passieren.«) oder sich innerlich zu rechtfertigen (»Kein Restaurant hat mittwochs Ruhetag.«, »Bei dem Tagespensum war es mir unmöglich dort vorher anzurufen.«).

Diese Strategien des Umgangs mit Konflikten, die nicht zur Auflösung der Konflikte führen, werden als Konfliktumgehungsstrategien[10] bezeichnet. Im Alltag werden, wie auch in diesem Beispiel deutlich wird, oft mehrere dieser Strategien nacheinander angewandt. Das ist sicherlich auch deshalb so, weil eine Strategie allein nicht dazu führt, dass das *Muss/Darf-Nicht-Syndrom* – das, was an einem NAGT (▶ Kap. 4.1, Kasten) – sich abschwächt und der akute Konflikt zumindest zeitweise aus dem Bewusstsein verschwindet.

In der folgenden Tabelle werden Konfliktumgehungsstrategien kategorisiert dargestellt, entlang des Begriffs ENTGEHN, der als inhaltlich passende Gedächtnisstütze gedacht ist; dem Konflikt wird entgangen, der Konflikt wird umgangen, jedoch nicht von der Wurzel her aufgelöst.

Mit diesen Strategien kann der Psychotonus einerseits erhöht werden, z. B. durch das Aufbauschen einer Sache, wobei der Affekt durch das Hineinsteigern noch zunimmt (lat. af-ficio, etwas zu etwas hinzutun). So können akute Blockaden überwunden und Handlungsfähigkeit wieder hergestellt werden, wenn auch um den Preis, dass man möglicherweise etwas Falsches tut, zu stark angespannt ist, vieles ausblendet. Andererseits kann der Psychotonus auch verringert werden. Auf diese Weise kommt es zur Entlastung durch Selbstberuhigung. Das kann für andere durchaus als Gelassenheit erscheinen, wie das folgende Beispiel aus der Studienberatung zeigt:

> Ein rundlicher Student mit weichen, entspannten Gesichtszügen sitzt im Stuhl zurückgelehnt in der Fachstudienberatung vor mir, er hat eine wichtige Prüfung auch beim letzten Versuch nicht bestanden. Die psychosoziale Beratungsstelle hatte ihn angesichts der von ihm geschilderten Schwierigkeiten auf ein Zeit- und Selbstmanagementseminar verwiesen, an dem er auch teilgenommen hat. Seine Eltern treten ihm oft zu nahe und mischen sich in seine Alltags- und Studienbelange ein. »Kann es sein, dass Sie die Erfahrung machen, dass Ihre innere Not übersehen wird, weil Sie so entspannt und gelassen wirken?« Der Student setzt sich aufrecht und hält einen Moment beinahe erstaunt inne. Dann bejaht er die Frage. Am Ende des Gesprächs entscheidet er sich, nochmals die psychosoziale Beratung aufzusuchen und deutlich zu machen, dass er Beratung braucht.

4.3 Dabeibleiben: Konfliktumgehungsstrategien erkennen

Tab. 4.4: Konfliktumgehungsstrategien: ENTGEHN[11]

Konfliktumgehungsstrategie	Formen
Emotionale Erregung	• verstärken: sich hineinsteigern, dramatisieren • Gefühle imperativisch aufgeladen äußern (z. B. klagend, wütend) • verringern und hemmen: »cool bleiben«, sich innerlich selbst beruhigen
Nochmals imperieren	• einen vorhandenen Imperativ noch extra verstärken • oder durch einen neuen Imperativ überschreiben, um (a) einen vorhandenen Imperativ wirkungslos zu machen (sich das Gegenteil imperieren) oder um (b) sich etwas anderes, etwas Bedeutsameres zu imperieren (»Zukünftig muss ich...«)
Theoretisieren: auf die theoretische Ebene ausweichen	• den Konflikt abstempeln, der Sache einen Namen geben, theoretisch einordnen • Realität umdeuten, rationalisieren (verstandesmäßig erklären und rechtfertigen), • sich etwas einbilden, sich Illusionen machen, sich selbst täuschen, anderen/sich selbst die Verantwortung geben • sich eine andere Realität wünschen (»Wenn die Welt nur anders wäre, als sie ist...«)
dem Konflikt als Ganzes	• geringer machen: herunterspielen, abwerten, bagatellisieren, lächerlich machen • größer machen: übertreiben, aufbauschen, überverallgemeinern (um sich oder andere unter Druck zu setzen) • ganz wegschieben: ignorieren, ausblenden, verdrängen, übergehen
Erwartungen über den Ausgang des Konflikts	• negative Erwartungen hegen und verstärken (Pessimismus) • sich Mut machen, auf einen glücklichen Ausgang hoffen (Optimismus)
Handeln	• versuchen, die Umwelt oder sich selbst zu verändern, um den Konflikt loszuwerden • resignieren: die Handlungsabsicht aufgeben (»Da kann man halt nichts tun.«)
Nicht aufgeführte	• sonstige Strategien

Die etwas verträumte und ruhig wirkende Art des Studenten wird von seinem Umfeld als Souveränität missdeutet. Die Konfliktumgehungsstrategie »Ausblenden« bringt ihn wiederholt in große Schwierigkeiten, sein Bedarf an psychosozialer Beratung wird übersehen. Im Abschnitt »Konfliktumgehungsstrategien abschneiden und bewusste Überlegungen zur Problemlösung auf später vertagen« wird dies anhand eines Beispiels veranschaulicht (▶ Kap. 5.2) werden die Konfliktumgehungsstrategien anhand eines Beispiels veranschaulicht.

Konfliktumgehungsstrategien verringern den Grad der Gelassenheit. Statt den Konflikt aufzulösen (durch Anschauen des Kerns), wird eingegriffen in den akuten Konflikt (loswerden). Das kann hilfreich sein für den Moment, verhindert jedoch die Erfahrung, dass die Erregung und Anspannung abklingen würde, wenn man den Dingen ins Auge schaut. Zudem wirken KUS oft nur kurzfristig und schon bald kreisen die Gedanken wieder um den verletzten Imperativ. Dies ist ein weiterer Grund dafür, solche inneren Konflikte aufzulösen.

KUS können darüber hinaus auch für andere Nachteile bringen – im Falle eines Undurchführbarkeitskonflikts zum Beispiel, wenn mangelndes Wissen oder Können durch Überlegenheitsgesten oder Entwertungen des Gegenübers verdeckt werden und wenn fehlendes Wissen durch Meinung ersetzt wird. Versuche, den inneren Konflikten zu entgehen und nicht die Beschäftigung mit der Lösung eines Problems stehen dann im Zentrum der Aufmerksamkeit. Überall dort, wo Entscheidungen auf Basis von Wissen und Erkenntnis getroffen werden, kann fehlende Gelassenheit daher negative Folgen haben. Das Eingestehen des Nicht-Wissens (»Ja, so ist es.«) wäre ein erster Schritt zu mehr Handlungsspielraum und der Verhinderung von Fehlentscheidungen in Krisensituationen.

In der Introvision geht es ja zunächst darum, den jeweiligen Kernimperativ hinter einem bedeutsamen inneren Konflikt aufzuspüren. Dieser Prozess wird durch KUS erschwert. Deshalb ist es wichtig, mehr und mehr zu bemerken, wenn gewohnheitsmäßig oder bewusst KUS mobilisiert werden, um dann damit aufzuhören – sie sozusagen »abzuschneiden« (▶ Kap. 5). Im nächsten Abschnitt geht es darum, was Kernimperative sind und wie sie mit Imperativverletzungskonflikten verbunden sind.

4.4 Den Kern finden: Imperativketten zurückverfolgen

Imperativische Sollvorstellungen können mit weiteren Imperativen verbunden sein, die wiederum zur Aufrechterhaltung der imperativischen Sollvorstellung beitragen. Daher ist es sinnvoll, die Tiefenstruktur von Imperierungen zu ergründen, um schließlich den zentralen und wirkmächtigsten inneren Konflikt aufzulösen. Das wird möglich, wenn der akute Konflikt einmal nicht durch Konfliktumgehungsstrategien beendet wird.

Der erste Imperativ an der Oberfläche des Bewusstseins, der durch Nachträgliches Lautes Denken aufgespürt werden kann, ist über Wenn-Dann-Annahmen mit tieferliegenden Imperativen verbunden, wie bei einer Kette. Am Ende dieser Kette befindet sich ein Kernimperativ. (▶ Abb. 4.2).

Kernimperative sind daran zu erkennen, dass sie direkt und pur mit einem intensiven Schlimmgefühl verbunden sind, das sich in Bildern, Erinnerungen, Empfindungen und Gedanken entfaltet.

Imperativketten, Kernimperative und die Art und Weise des Erlebens sind individuell sehr verschieden, wie am Beispiel der Ergebnisse aus einem Redeangstprojekt unter der Leitung von A.C. Wagner verdeutlicht werden kann[12]. Da standen am Ende der Kette die Angst vernichtet zu werden, ein Nichts aus Wut und Ohnmacht oder wie im Feuer zu sein, schutzlos oder von tausend Knüppeln geschlagen zu werden. Den Kernimperativen gemeinsam ist hier die Qualität von Gewalt, die als Schmerz und Vernichtung erlebt wird. Auch geschlechtsspezifische Kernimperative bei Konflikten im Berufsalltag zeigen Muster aus Gemeinsamkeiten und Unterschieden auf. Das Schlimmste war hier die Vorstellung des »Sozialen Tods« –

4 »Das Auge des Problems«: Den Kern des Konflikts finden

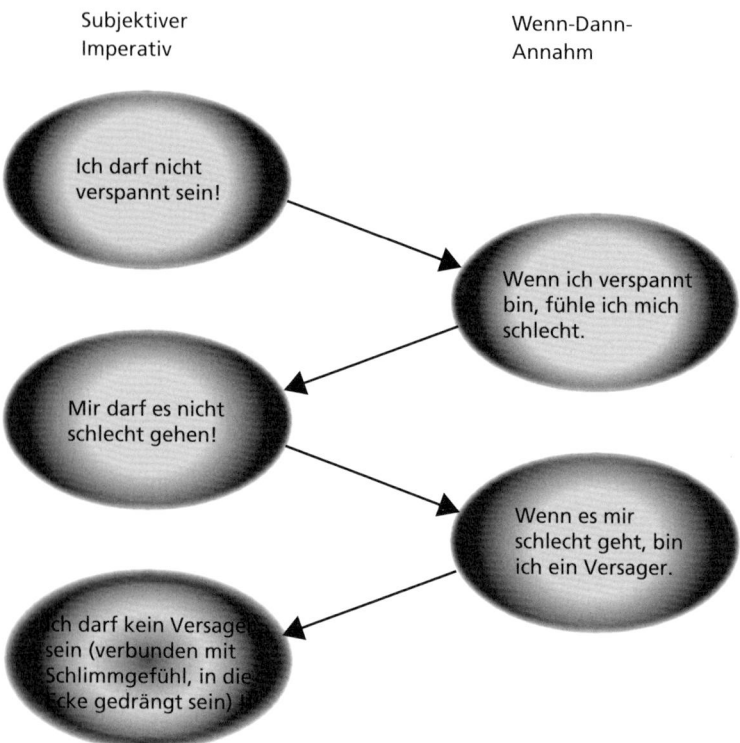

Abb. 4.2: Beispiel für eine Imperativkette

bei Frauen eher einsam und ausgestoßen zu sein; bei Männern ohne Handlungsspielraum und ganz unten zu sein[13]. Solche Muster können gesellschaftspolitisch erhellend sein, für die Introvision suchen wir jedoch nicht nach diesen Gemeinsamkeiten. Introvision wird erst am spezifischen und individuellen Erleben wirksam für die Auflösung eines Konflikts.

4.4 Den Kern finden: Imperativketten zurückverfolgen

Vom kleinen Ausschnitt zum Grundsätzlichen: Imperativbäume

Ein bestimmter Kernimperativ ist oftmals Ausgangspunkt für mehrere Imperativketten. Diese Zusammenhänge können als Imperativbaum dargestellt werden. Zunächst sehr unterschiedlich erscheinende Konflikte können demnach auf einen gemeinsamen Kernimperativ zurückgeführt werden. Wird dann bei der Introvision an eben diesem Kern angesetzt, so werden verschiedene Imperative gleichzeitig »aufgelöst«, die mit demselben Kern verbunden sind – so wie die Zweige und der Stamm mit den Wurzeln eines Baumes.

In der folgenden Abbildung (▶ Abb. 4.3) wird am Beispiel von Konflikten bei der Ausübung der Führungsrolle[14] verdeutlicht, wie imperativische Vorstellungen, die über denselben Kernimperativ miteinander verbunden sind, auch als Imperativ-Gegenimperativ im Widerspruch zueinander stehen können.

Aus dem Kernimperativ »Ich darf nicht allein und ungeliebt sein!« werden zwei zentrale Imperative (»Die anderen müssen mich respektieren!« und »Ich muss es richtig machen!«). Daraus entstehen wiederum vier Durchführungsimperative, die miteinander kollidieren – als Chefin oder Chef agieren zu müssen, es aber gleichzeitig ja nicht zu tun und Leistungen hervorheben zu müssen, zugleich aber unbedingt sicherzustellen, das andere einen nicht angeberisch finden. Dilemmata wie diese können durch Introvision auf den Kernimperativ tatsächlich aufgelöst werden.

Einen Imperativ aufzulösen bedeutet, das automatische imperativische Festhalten dieser Sollvorstellung zu beenden. Epistemisch gültige Sollvorstellungen können anschließend weiter beibehalten und Gegensätzliches im Alltag pragmatisch ausbalanciert werden (z. B. als Vorgesetzte oder Vorgesetzter dem Team deutlich sagen, was zu tun ist und dabei soweit es geht auf typisches Chefgebaren zu verzichten).

4 »Das Auge des Problems«: Den Kern des Konflikts finden

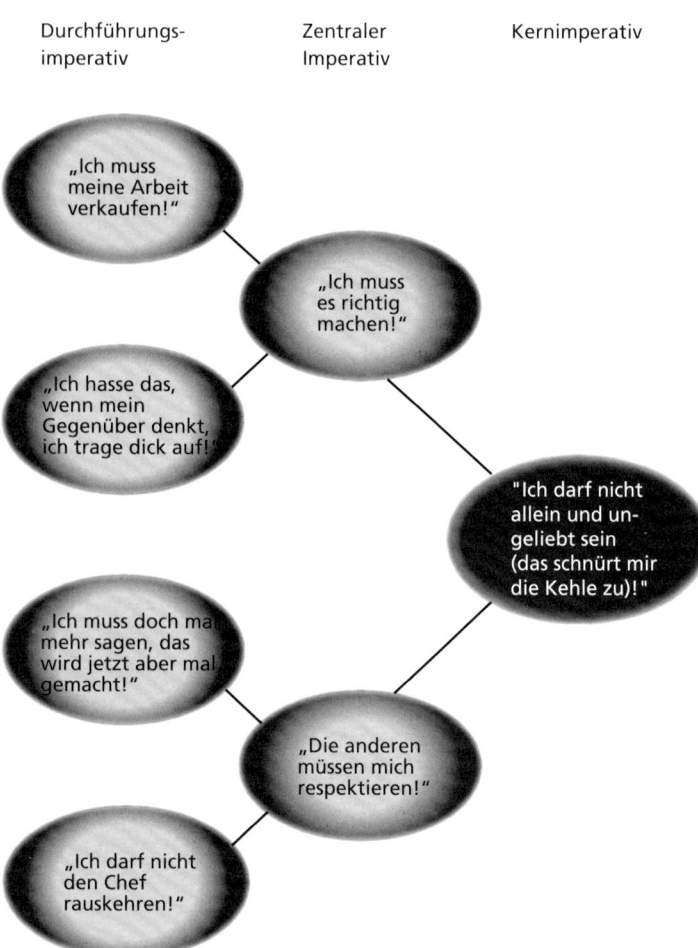

Abb. 4.3: Beispiel für einen Imperativbaum

Innere Antreiber können Imperative sein und mit Motivation verwechselt werden

In unseren Seminaren und Workshops haben wir die Erfahrung gemacht, dass für manche Menschen die Vorstellung, nicht mehr von

4.4 Den Kern finden: Imperativketten zurückverfolgen

inneren Antreibern vorangebracht zu werden, zunächst irritierend ist. Anstrengung und Selbstbeherrschung (Psychotonusstufe 5) prägen das Lebensgefühl. Kontinuierlich auf einer hohen Psychotonusstufe zu agieren, funktioniert im Alltag zunächst ganz erfolgreich. Blockaden werden überwunden und akutes Kreisen um innere Konflikte kann mit Hilfe von KUS vorübergehend beendet werden. Das führt jedoch zu Erschöpfung. Für den verbreiteten Zustand des Erschöpft-Seins wird die allgemeine gesellschaftliche Beschleunigung verantwortlich gemacht. Imperative als Antreiber sind kulturell tief verankert und werden auch deshalb mit Motivation verwechselt. Motive veranlassen, (imperativisch aufgeladene) Antreiber jedoch zwingen Menschen, etwas Bestimmtes zu tun. Eine Seminarteilnehmerin:

»Imperative sind zwar unangenehm aber sie sind doch produktiv! Wenn ich den Antrieb nicht hätte ... Vielleicht sitze ich dann einfach nur noch da und schaffe meine Arbeit nicht!« (52)

Die Gewohnheit des Imperierens und des wiederholten Eingreifens in die mentale Selbstregulation kann dazu führen, dass einer konstatierenden Art und Weise mentaler Verarbeitung wenig zugetraut wird. Es fehlt an Erfahrung damit.

Auf Befürchtungen wie die hier geäußerte, antworten wir, dass die Fähigkeit mental einzugreifen, überschreiben und ausblenden zu können, ein bedeutsames Notfallprogramm der mentalen Selbstregulation ist. In akuten Konfliktsituationen sind meist die Rahmenbedingungen nicht so, dass ein Konflikt direkt und grundsätzlich aufgelöst werden kann. Doch als Standardprogramm der Verarbeitung von Realität eignet sich dieses Notfallprogramm eigentlich nicht, denn es ist energetisch zu aufwendig und die Ergebnisse können verzerrt sein. Daher ist es sinnvoll, den Automatismus in den stressauslösenden Strategien und mentalen Abläufen zu beenden. Die Möglichkeit, sich im Notfall sozusagen einen Tritt in den Hintern zu geben – diese Fähigkeit, zum Selbstantreiben und zur Erhöhung des Adrenalinspiegels zu sorgen –, geht dadurch nicht verloren. Zugleich können wir lernen, Selbstmotivierung mit innerer Ruhe zu betreiben.

Es geht darum, mehr Erfahrung damit machen zu können, das kreative System des Konstatierens in Ruhe zu lassen und nicht zusätzlich einzugreifen. Dieses sogenannte epistemische System funktioniert nämlich ganz gut, wie die Erfahrung mit entspannten und produktiven Momenten zeigt.

Nachstehend werden zwei Beispiele für Imperativketten zum Durchführungsimperativ »Es darf nicht sein, dass ich mich nicht antreibe!« aufgeführt mit unterschiedlichen Kernimperativen (▶ Tab. 4.6):

Tab. 4.6: Ein Durchführungsimperativ – zwei verschiedene Imperativketten

Imperativkette 1	Imperativkette 2
Es darf nicht sein, dass ich mich nicht antreibe!	Es darf nicht sein, dass ich mich nicht antreibe!
Wenn ich mich nicht antreibe, sitze ich nur noch da und will gar nichts mehr.	*Wenn ich mich nicht antreibe, sitze ich nur noch da und will gar nichts mehr.*
Das darf nicht sein, dass ich nur noch dasitze!	Das darf nicht sein, dass ich nichts mehr will!
Wenn ich nur noch da sitze, schaffe ich meine Arbeit nicht.	*Wenn ich nichts mehr will, hat mein Leben keinen Sinn.*
Es darf nicht sein, dass ich meine Arbeit nicht schaffe!	Es darf nicht sein, dass mein Leben keinen Sinn hat!
Wenn ich meine Arbeit nicht schaffe, bin ich ein Verlierer.	*Wenn mein Leben keinen Sinn hat, löse ich mich auf.*
Es darf nicht sein, dass ich ein Verlierer bin!	Es darf nicht sein, dass ich mich auflöse! (Kernimperativ)
Wenn ich ein Verlierer bin, bin ich ganz unten, ein Nichts.	
Es darf nicht sein, dass ich ein Nichts bin! (Kernimperativ)	

Hier ist einerseits die Angst vor dem sozialen Tod (= Bedeutungslosigkeit der eigenen Existenz in den Augen eines anderen) und andererseits vor der Auflösung der Person (= Bedeutungslosigkeit der eigenen Existenz in den eigenen Augen) Ursache für einen erhöhten Psychotonus und fehlende Gelassenheit.

Wege aus dem Konflikt

Akute Konflikte können mit Hilfe von Konfliktumgehungsstrategien teilweise erfolgreich umgangen werden; insofern stellen letztere Teillösungsstrategien dar, aber der Konflikt selbst besteht im Prinzip weiter.

Außerdem können Konflikte auch »einfach so« aufgelöst werden. So können Sollvorstellungen infolge einer veränderten Sichtweise auf ein Problem oder durch neue Informationen und Bewertungen aufgegeben werden. Viele Imperative zu Ernährungsvorstellungen z. B. wurden durch neuere wissenschaftliche Erkenntnisse außer Kraft gesetzt. Andererseits kann auch das automatische sich Imperieren einer Sollvorstellung aufgegeben werden. Dann bleiben die epistemisch gültigen Sollvorstellungen weiter bestehen. Sie bleiben wünschenswert, aber sie werden nicht mehr automatisch imperativisch festgehalten.

Die dritte Möglichkeit besteht darin, innere Konflikte mit Hilfe der Introvision von der Wurzel her aufzulösen (▶ Kap. 2 und ▶ Kap. 5).

4.5 Zusammenfassung

In diesem Kapitel geht es darum, den Kern eines Konflikts zu finden, denn das ist eine Voraussetzung für die Anwendung der Introvision. Konflikte werden hier verstanden als eine unaufgelöste Diskrepanz zwischen einem subjektiven Imperativ und der Erkenntnis, dass es sein kann oder bereits so ist, dass dieser Imperativ nicht eingehalten wird. Imperative sind Sollvorstellungen, die mit dem Gefühl verbunden sind, dass etwas Bestimmtes unbedingt sein muss oder nicht sein darf. Die Erkenntnis, dass es möglich ist, dass das (subjektiv) zwingend zu Erreichende nicht eintritt (Ist- bzw. Subkognition), ist mit einer bestimmten Qualität des Erlebens verbunden, dem Muss/Darf-Nicht-Syndrom – gut zu merken als »es NAGT an mir« (Not, Angespanntheit,

Getrieben-Sein und Tunnelblick). Es lassen sich verschiedene Konfliktarten unterscheiden (Eselsbrücke: »KUMMER«: Konflikt-Konflikt, Umsetzungskonflikt, Mag sein- oder Möglichkeitskonflikt, Entscheidungskonflikt, Realitäts- oder Gewissheitskonflikt). Auch wenn sie sich in ihrer Struktur ähneln, sind Konflikte individuell und spezifisch. Beim Aufspüren hilft die Methode des Nachträglichen Lauten Denkens, das mit der zentralen Frage »Was geht mir in dieser Situation automatisch als erstes durch den Kopf?« in Gang gesetzt wird. So wird es möglich, an den Anfang der Kette eines bedeutsamen inneren Konflikts zu gelangen. Um bei der Introvision dann nicht automatisch dem Unangenehmen auszuweichen, wird dafür sensibilisiert, auf welche Weise wir eingreifen, um Konflikten zu entgehen. Konfliktumgehungsstrategien (mit der hilfreichen Eselsbrücke *Entgehn* für die verschiedenartigen Strategien) führen oft zu einer kurzfristigen Selbstberuhigung und gelegentlich auch zu zusätzlicher Aufregung – die Erregung wird blockiert oder intensiviert, der akute Imperativverletzungskonflikt scheint kurzfristig beendet zu sein. Zum Kern gelangt man, indem eine Imperativkette zurückverfolgt wird. Kernimperative sind daran zu erkennen, dass sie mit einem mehr oder weniger starken Schlimmgefühl verbunden sind, ohne dass darunter noch ein weiterer Imperativ auftaucht. Ein bestimmter Kernimperativ kann Ausgangspunkt für mehrere Imperativketten sein, ein Zusammenhang, der in einem Imperativbaum dargestellt werden kann.

5

»Problemen gelassen ins Auge schauen«: Die Durchführung der Introvision zur Auflösung innerer Konflikte

In diesem Kapitel geht es um die praktische Anwendung der Introvision, die anhand verschiedener Alltagsbeispiele erläutert werden wird.[1]

Notwendige Voraussetzungen für die Durchführung der Introvision

Die Grundlagen und Voraussetzungen für die Introvision wurden in den vorangegangenen Kapiteln sorgfältig und ausführlich beschrieben. An dieser Stelle sei noch einmal ausdrücklich darauf hingewiesen, dass eine notwendige Voraussetzung für die Durchführung der Introvision die Fähigkeit ist, auch und gerade in schwierigen Situationen absichtlich und bewusst das KAW anwenden zu können[2]; dies setzt erfahrungsgemäß mehrere Wochen (2–6 Wochen) Übung voraus. Außerdem erfordert die Anwendung der Introvision zu verstehen, warum, wieso und wie es gilt, dem »Schlimmen« ins Gesicht zu sehen – und wie sich dieses finden lässt. Deshalb ist eine ausführliche Einführung und Anleitung in die Methode der Introvision (Imperativanalyse, Konfliktumgehungsstrategien, Nachträgliches Lautes Denken) notwendig für eine erfolgreiche Durchführung[3].

Das Grundprinzip der Introvision

Introvision bedeutet, einen Konflikt durch konstatierendes Wahrnehmen aufzulösen – genauer: durch das Konstatierende Aufmerksame Wahrnehmen des Kerns dieses Konflikts. Dieser Kern ist das »Auge des Wirbelsturms« – die Ist-Kognition (Subkognition), um die sich der Wirbelsturm dreht. Im Beispiel vom Wanderer (▶ Kap. 2) ist dies die Erkenntnis, dass es sein kann – oder auch, dass es so ist –, dass er nicht weiß, wo es lang geht. Wenn er daran denkt, wird ihm unwohl zumute. Dieses Unwohlsein kann sich steigern, bis hin zu einem Gefühl von Panik. Anders ausgedrückt: Diese Erkenntnis ist automatisch mit erhöhter Erregung und Anspannung gekoppelt – sobald er nur daran denkt, steigt sein Blutdruck an und er verspannt sich.

Das erste Ziel der Introvision ist, nicht erneut einzugreifen und so zusätzlich »Öl ins Feuer« zu gießen. Bei einem akuten Konflikt hilft die Introvision zunächst, ihn nicht dadurch noch zu verschlimmern, dass man sich zusätzlich aufregt, sich noch mehr verspannt und noch weiteres inhaltlich überschreibt. Aufzuhören weiter einzugreifen bedeutet, dem »Feuer« (der ansteigenden Erregung und Anspannung) keine weitere Nahrung zu geben und dieses von alleine herunterbrennen und ausgehen zu lassen. Oder: um noch einmal die Wasser-Metapher aus Kapitel 2 aufzugreifen: aufzuhören, weiter Wind in die Wellen hineinzublasen, und diese einfach auslaufen zu lassen. Bei kleinen Konflikten, die nur durch das kontrollierte Eingreifen entstehen, reicht bereits eine kurze Introvision (Blitzintrovision) aus, um diese zu beenden.

Das zweite Ziel der Introvision ist es, gegebenenfalls auch das automatische Eingreifen zu beenden. Dies ist bei länger andauernden, chronischen Konflikten erforderlich. Um beim Bild mit dem Feuer zu bleiben: In diesen Fällen geht es darum, das erneute Wiederaufflammen desselben Feuers an derselben Stelle zu verhindern. Ziel der Introvision ist es, diesen Automatismus als solchen langfristig und dauerhaft zu löschen. Wenn wir uns beispielsweise zu Beginn einer Arbeit automatisch anspannen, dann lässt sich dieser Automatismus durch Introvision beenden. Das bedeutet, dass wir danach entspannt an die Arbeit gehen. Natürlich können wir uns dann trotzdem – falls ausnahmsweise nötig – absichtlich innerlich einen kräftigen Ruck geben und uns danach wieder mühelos entspannen. (Allerdings: Wenn wir dies dann Tag für Tag wiederholen, wird daraus schließlich ein neuer Automatismus.)

Neuere empirische Studien belegen u.a. die Wirksamkeit der Introvision bei der Auflösung chronischer Nackenverspannungen[4], bei der Verringerung von Stress und Belastung im Wettkampf bei Leistungssportlern[5] sowie bei chronischem Tinnitus[6] sowie die Verringerung von mentalen Blockaden und Stress bei weiblichen Nachwuchsführungskräften in der Wirtschaft[7].

Das »Lösungsmittel«, um es etwas flapsig auszudrücken, zur Löschung des automatischen Eingreifens, ist das wiederholte, weitgestellte und länger andauernde KAW auf den Kern des Konflikts, beispielsweise auf die Dauerverspannung im Nacken oder auf den Tinnitus. Entscheidend ist dabei das Weitstellen der Aufmerksamkeit. Was das heißt, lässt sich an folgendem Beispiel erläutern:

5 »Problemen gelassen ins Auge schauen«

Stellen wir uns eine Kochplatte vor, auf der sich an einer Stelle jahrzehntelang Fettspritzer aufgehäuft haben, und stellen wir uns vor, dass wir ein Lösungsmittel haben, dass diese Schichten von Fett allmählich und langsam, Schicht für Schicht, abträgt und auflöst – dann braucht das schon etwas Geduld. Bei diesem Prozess der Introvision ist es interessant zu beobachten, wie sich das allmähliche Abtragen der einzelnen Schichten zunehmend stärker im Alltag auswirkt.

Introvision lässt sich auf eine große Spannbreite unterschiedlicher Probleme anwenden – vom einmaligen kurzfristigen Eingreifen über häufig wiederkehrende alltagsübliche mittlere innere Konflikte bis hin zu langjährigen chronischem Stress, dauerhaften mentalen Blockaden, tiefsitzenden Hemmungen und Charakterzügen. In diesem Kapitel soll die Anwendung der Introvision an einer Reihe von praktischen Beispielen näher erläutert werden.

Übergreifendes Ziel der Introvision: die optimale mentale und physische Leistungsfähigkeit wiederherstellen

Im Alltag befassen wir uns mit einer Vielzahl von Problemen – wie komme ich von A nach B, wie sollen wir auf diese Mail reagieren, wie verbessere ich mich im Sport, wie kann ich besser lernen, was können wir als Unternehmen tun, was koche ich heute, was ist der Sinn des Lebens. Diese Probleme sind zunächst inhaltliche, sachliche, philosophische Herausforderungen an unser epistemisches System, d. h. unseren gesamten mentalen Apparat (▶ Kap. 2), an unser Denken, Fühlen, Wissen, Empfinden, unser Gespür, unsere Intuition und unsere Handlungsfähigkeit.

Die Introvision kommt dort ins Spiel, wo die Leistungsfähigkeit unseres mentalen Apparats durch das hineintragende (introferente) Eingreifen eingeengt, verringert und blockiert ist. Und das geschieht im Alltag relativ häufig. Wie außerordentlich mental leistungsfähig wir sein können, wenn dieses Eingreifen vorübergehend weitgehend aufhört, zeigt das Beispiel des Flow-Erlebens. Dazu noch einmal der Bericht des Seglers aus Kapitel 2:

5 »Problemen gelassen ins Auge schauen«

»Das Boot lief wie an der Schnur. Trotz sehr starker und abrupt einfallender Böen hatte ich es vollkommen unter Kontrolle, ich war wie verwachsen mit ihm. (....). Jeder Handgriff passte, fühlte sich gut an und machte das Boot schneller und schneller. Kein Fehler, kein ungutes Gefühl, es war, als ob ich mit dem Boot den Wind spüren konnte und meine Sinne so erweitert waren, dass ich alles Geschehen auf dem Wasser schon im Voraus wahrnehmen konnte.« (29)

Ähnliche Berichte gibt es auch aus vielen anderen Bereichen[8]. Das Eingreifen beeinträchtigt die mentale Leistungsfähigkeit in dreifacher Weise. Erstens wird ein Teil der vorhandenen Kognitionen gehemmt und ausgeblendet, beispielsweise vorhandenes Wissen, ein bestimmtes Handlungsziel, ein akutes Gefühl oder auch ein genialer Einfall, der vorschnell verworfen wird. Zweitens werden falsche, unstimmige Kognitionen hineingetragen; diese bringen die Gefahr mit sich, dass sie zu fehlerhaftem Verhalten führen können – so wie ein Roboter durch fehlerhafte Informationen einen Unfall verursachen kann. Drittens: Um dieser Gefahr vorzubeugen, ist unser mentaler Apparat (anders als die heutigen Roboter) mit einem hervorragenden epistemischen System ausgestattet, dessen Hauptaufgabe darin besteht, solche falschen, unstimmigen Daten nach Möglichkeit wieder herauszufiltern und zu eliminieren. Allerdings hat das seinen Preis: Je mehr von diesen falschen Kognitionen festgehalten werden, desto größer wird der Aufwand, diese wieder herauszufiltern – und desto weniger Kapazität steht für die Lösung sachlicher Probleme zur Verfügung, wie Grawe in seinem Buch über Psychotherapie[9] eindrucksvoll gezeigt hat. Und daraus folgt viertens, dass das Auftauchen eines Konflikts im Bewusstsein sich auch als ein Warnsignal auffassen lässt: »EPiS an Bewusstsein«: »Achtung, unstimmige und fehlerhafte Daten!«

Insofern stellt Introvision eine herausragende Form dar, die eigene mentale Leistungsfähigkeit zu entstören und diese wieder ungehindert zum Einsatz zu bringen. Nach erfolgreicher Introvision, so berichten die Klientinnen und Klienten praktisch einmütig, wissen sie wieder, was zu tun ist, oder welchen Weg sie wählen werden, um eine solche Lösung[10] zu finden.

5.1 Einfach, aber nicht immer leicht: das Vorgehen bei der Introvision in der Übersicht

Die Introvision stellt eine strukturierte Form der Anwendung des konstatierenden Wahrnehmens zur Auflösung von inneren Konflikten dar. Leitfrage ist dabei »Was ist es, das ich mir gerade imperiere?«, »Was ist es, das gefühlsmäßig *nicht sein darf?*«, »Was ist das Zentrum des Unangenehmen?«, »Was ist gefühlsmäßig das Irritierend(st)e, Unangenehm(st)e, Schlimm(st)e für mich?« Diese Leitfragen dienen als Hilfe beim konstatierenden Anschauen, Hineinspüren, Hineinlauschen und Betrachten des Problems als Ganzes. Sie zielen darauf ab, herauszufinden, welche Kognitionen gerade ausgeblendet und überschrieben werden. Dies geschieht gewissermaßen mit Hilfe eines besonderen Kniffs. Der Kniff liegt darin, anhand besonderer Merkmale nach Prozessen des Überschreibens zu suchen – und darunter dann das zu finden, was überschrieben wurde.

Stellen wir uns vor, jemand hat einen handschriftlichen Text vor sich liegen, in dem an einer Reihe von Stellen der ursprüngliche Text überschrieben und verfälscht wurde – sagen wir, es handelt sich um eine alte Urkunde, einen Brief oder einen Vertrag. Um herauszufinden, was da ursprünglich gestanden haben könnte, sucht man zunächst Stellen, an denen bestimmte Buchstaben größer, dicker und mit mehr Druck geschrieben wurden als sonst üblich. Diese Merkmale dienen dann als Leitfaden dafür, diese Stellen besonders unter die Lupe zu nehmen und herauszufinden, was an der Stelle ursprünglich gestanden hat. Das gleiche geschieht bei der Introvision. Hier sind es die Merkmale, die anzeigen, dass etwas imperiert (d. h.

5.1 Einfach, aber nicht immer leicht

den eigenen Gedanken und Gefühlen aufgezwängt) wird – und dann dreht man gewissermaßen den Stein um und schaut, was darunter liegt.

Je nachdem, wie gering oder stark der Konflikt ist, kann erfolgreiche Introvision nur ein paar Sekunden dauern (Mini-Konflikt), sie kann – täglich ein paar Minuten durchgeführt – ein, zwei oder drei Wochen dauern oder schließlich – bei einigen wenigen sehr tief eingeprägten und sehr langjährigen Problemen – auch länger.

Jede Introvision beginnt damit, in den Modus des Konstatierens hineinzukommen (Phase 1), konstatierend wahrnehmend nach dem Kern des Konflikts zu schauen (Phase 2) und diesen (Phase 3) durch konstatierendes KAW zu deimperieren, d. h. von der (automatischen) Koppelung mit erhöhter Erregung, Anspannung, Hemmung sowie automatischem Überschreiben zu lösen. Phase 3 kann einmal erfolgen – oder auch mehrfach und wiederholt bis zur erfolgreichen Auflösung des Konflikts durchgeführt werden. Jede Introvisionssitzung endet mit einer Phase des Ausklingenlassens (Phase 4).

Die vier Phasen einer Introvision

Im Folgenden werden die vier Phasen einer Introvision in einer Übersicht dargestellt.

Die einzelnen Phasen der Introvision in der Übersicht

Voraussetzung für eine erfolgreiche Introvision sind entsprechende Kenntnisse der Grundlagen und Vorgehensweisen (Grundkurs) sowie eine hinreichende Einübung des KAW.

Phase 0: Vorbereitung

- Festlegen, worauf die Introvision angewendet werden soll

5 »Problemen gelassen ins Auge schauen«

Phase 1: In den Modus des Konstatierens hineinkommen

- Schritt 1: sich entspannen
- Schritt 2: den Kopf frei bekommen (»Pakete packen«, »Integrierendes KAW«)
- Schritt 3: weitstellen

Phase 2: Den Kern des Konflikts finden

- Schritt 1: weitgestellt konstatierend wahrnehmen: »Was geht mir in der entsprechenden Situation (▶ Kap. 5.2) »Nachträgliches Lautes Denken bzw. Standbildmethode«) als erstes automatisch durch den Kopf?«
- Schritt 2: den subjektiven Imperativ heraushören (»Es darf nicht sein, dass ...!«)
- Schritt 3: die dazu gehörige Erkenntnis (Subkognition) konstatieren: »Es kann sein, dass ...« bzw. »Es ist so, dass ...«
- Schritt 4: und diese ein Weilchen lang konstatierend weitgestellt wahrnehmen (KAW)
- Ggf. Schritt 5: die Imperativkette bis zum Kernimperativ zurückverfolgen: »Was daran ist für mich gefühlsmäßig das Zentrum des Unangenehmen?«
- Schritt 6: KAW auf den Kern des Konflikts (die Kernsubkognition): »Es kann sein, dass ...« bzw. »Es ist so, dass ...«

Für alle Schritte gilt:

- Schritt 7: Konfliktumgehungsstrategien abschneiden
- Schritt 8: bewusstes aktives Nachdenken über Problemlösung auf später vertagen

Phase 3: KAW auf den Kern des Konflikts

Phase 4: Introvision ausklingen lassen

- Ausklingen lassen, über die Erfahrungen sprechen, ggf. den Wortlaut des Konfliktkerns (»Es kann sein, dass...«) schriftlich notieren und die Fortsetzung des KAW (»Hausaufgabe«) planen und sich dann etwas ausruhen

Introvision im Rahmen einer Introvisionsberatung bzw. eines Introvisionscoachings

Im Folgenden soll das Vorgehen bei der Introvision als erstes an einem Beispiel aus einer Introvisionsberatung bzw. einem Introvisionscoaching bei Prüfungsangst ausführlich veranschaulicht werden. Im Folgenden werden die Begriffe Introvisionsberatung und Introvisionscoaching synonym verwendet. Introvisionsberatung bedeutet, dass eine speziell dafür ausgebildete Beraterin oder ein speziell dafür ausgebildeter Coach den Klienten oder die Klientin umfangreich in die Introvision, ihre Wirkungsweise, das Vorgehen bei der Imperativanalyse und das KAW einführt, insbesondere das Einüben des KAW sorgfältig begleitet und unterstützt und ihn oder sie dann auf Wunsch bei der Durchführung der Introvision auf ein bestimmtes Problem anleitet und begleitet.

Eine Introvisionsberatungssitzung unterscheidet sich von herkömmlichen Beratungsgesprächen in mehreren Punkten:

1. Beide an der Beratung Beteiligte – Coach und Klientin – sind idealerweise im Modus des Konstatierenden Wahrnehmens; das führt dazu, dass diese Gespräche in einer besonderen Atmosphäre stattfinden; ruhig, gelassen, offen hinschauend, konstatierend. Im Film würde eine besondere Musik (entspannend, langsam, meditativ) helfen, diese Atmosphäre zu transportieren.

    Um im Folgenden wenigstens ansatzweise anzudeuten, wie die Atmosphäre in den Beispielgesprächen war, werden wir uns mit ein paar Hinweisen behelfen. Dazu gehört etwa der Hinweis »impe-

rierend« – das bedeutet, dass die Klientin das Gesagte im Modus des Imperierens äußert, z. B. aufgeregt, empört, abwertend oder ähnliches, das heißt, sich selbst und/oder andere unter Druck setzend. Der Hinweis »konstatierend« bedeutet, dass die Person den Satz gelassen äußert, d. h. feststellend, im Sinne von »so ist es«.
2. Eine Hauptaufgabe der Beraterin ist es, in diesem Modus des Konstatierens zu bleiben: insbesondere, wenn sie die einem Imperativ unterliegende Ist-Kognition (»Es kann sein, dass …«) konstatierend wiedergibt.
3. Der Klient kennt und versteht die Vorgehensweise der Introvision und ist in der Lage, sein Problem konstatierend und weitgestellt wahrzunehmen.
4. Das sachliche Problem selbst (z. B. die Umstände, das Ausmaß, die Vorgeschichte der Prüfungsangst) wird, falls nötig, vor Beginn der Introvision oder auch danach ausführlicher besprochen.
5. Falls Konfliktumgehungsstrategien auftauchen, werden diese »abgeschnitten« und die Aufmerksamkeit der Klientin oder des Klienten wird wieder auf den (vorläufigen) Kern des Konflikts zurückgelenkt.
6. Unter diesen Umständen kann ein Introvisionsberatungsgespräch überraschend kurz sein – nach einer erfolgreichen Vorbereitung kann dies bereits nach zehn Minuten beendet sein.

Introvision kann jedoch – nach entsprechender Vorbereitung (s. oben) – auch alleine durchgeführt werden.

Im Folgenden sollen zunächst an drei Beispielen verschiedene Möglichkeiten der Anwendungen von Introvision dargestellt werden. Wir beginnen mit einem im Alltag häufigen Konflikt – Rede- und Prüfungsangst – und demonstrieren daran, wie der Ablauf eines Introvisionsberatungsgesprächs aussehen kann. Darauf folgen Beispiele für Introvision bei Schlafstörungen und Perfektionismus sowie bei unliebsamen Gewohnheiten. Schließlich zeigen wir, wie sich Blitzintrovision im Alltag zur Vorbereitung auf eine schwierige Situation anwenden lässt.

Beispiel 1: Prüfungsangst

Im Folgenden sollen die einzelnen Phasen der Introvision gewissermaßen holzschnittartig am Beispiel von Prüfungsangst erläutert werden:
D. A. ist Studentin, die seit längerem unter Prüfungsangst leidet. Sie kennt die Introvision und hat das KAW ausgiebig geübt. Jetzt steht ihr in einigen Wochen eine besonders schwierige Prüfung bevor. Sie ist deshalb so nervös, dass es ihr schwerfällt, sich auf das Lernen zu konzentrieren. (Im Folgenden werden die wichtigsten Ausschnitte aus dem Beratungsgespräch wiedergegeben und mit erläuternden Kommentaren für Coaches und Beraterinnen versehen.)

Beispiel für eine Imperativkette »Prüfungsangst«

Phase 1: Vorbereitung
Die Klientin kommt hektisch und ein paar Minuten zu spät zur Beratung. Sie sagt als erstes: »Ich muss unbedingt diese schreckliche Prüfungsangst loswerden!!« Die Beraterin selbst hat sich mit KAW auf die Sitzung vorbereitet und ist deshalb ziemlich entspannt. Sie lässt die aufgeregte Klientin erst einmal kurz erzählen und lädt sie dann ein, sich durch das konstatierende Wahrnehmen der eigenen Atemzüge zu entspannen. Die Klientin macht das ein paar Minuten lang und wirkt nun schon deutlich ruhiger.

Dann leitet die Beraterin sie darin an, in der Vorstellung »Pakete zu packen« (▶ Kap. 3), um ihren Kopf frei zu bekommen. Die Klientin erzählt anschließend kurz, wie das war.

Als drittes folgt dann, auf Anregung der Beraterin, zwei Minuten lang ihr Lieblings-KAW – in ihrem Fall weitgestellt »aus dem Fenster in die Ferne schauen«. Dann signalisiert sie, dass sie bereit ist, mit der Introvision zu beginnen.

Phase 2: Konstatierend den Kern des Konflikts finden
B.: »Okay, dann lass uns anfangen. Worauf möchtest Du Introvision anwenden?«

5 »Problemen gelassen ins Auge schauen«

K. (konstatierend): »Auf meine Prüfungsangst. Jedes Mal, wenn ich mich hinsetze, um zu lernen, wird mir fast schlecht vor Angst.«
B.: »Was geht Dir in dieser Situation *als erstes* durch den Kopf?«
K. (wie aus der Pistole geschossen): »Ich muss es diesmal einfach schaffen!!«
B. (gibt konstatierend wieder, in der Stimmführung leicht schwebend): »Es ist so: Es kann sein, dass du es nicht schaffst. – Kannst du darauf bitte ein Weilchen KAW machen?«
K. (nickt, sie richtet den Fokus ihrer Aufmerksamkeit ein Weilchen lang auf die Erkenntnis: »Es kann sein, dass ich es nicht schaffe«, dabei schießt ihr vielerlei dazu durch den Kopf – Gedankenfetzen, Anspannung, die laute Stimme ihrer Mutter von früher – »Kind, du musst es einfach schaffen« – und vieles mehr).
K. (nach ein paar Minuten, imperativisch aufgebracht): »Das wäre einfach schlimm, wenn ich das nicht schaffe!«
B. (lädt sie konstatierend-wahrnehmend dazu ein, herauszufinden, was daran für sie gefühlsmäßig das Zentrum des Schlimmen ist. Sie wiederholt noch einmal die Subkognition): »Es kann sein, dass du das nicht schaffst.« – »Was ist gefühlsmäßig das Schlimme daran?«
K. (schnell, entschieden): »Dann bin ich blamiert!!«
B. (konstatierend): »Es kann sein, dass du blamiert bist. Kannst Du darauf bitte KAW machen? Was daran ist das Zentrum des Unangenehmen?«
K. (nach ein paar Minuten mit kleiner Stimme und ruhig): »Das Schlimmste daran ist, dass ich mich dann schutzlos fühle.« (flüsternd) »Und das ist wirklich schlimm.« (Es ist so, als ob der Wirbelsturm plötzlich für einen Moment aufhört.)
B. (gibt die Subkognition konstatierend wieder):»Es kann sein, dass du dich schutzlos fühlst.«

Phase 3: *KAW auf den Kern des Konflikts:* »Es kann sein, dass ich mich schutzlos fühle.«
Die Klientin wird darin angeleitet, ihre Aufmerksamkeit erneut weitzustellen und dann KAW auf den Kern des Konflikts zu machen. Nach einigen Minuten hört sie damit auf.

Phase 4: Ausklingenlassen
B.: »Wie ist es dir ergangen, nachdem ich gesagt habe, dass du darauf KAW machen sollst?«
Die Klientin erzählt, dass sie diesen Satz »Es kann sein, dass ich mich schutzlos fühle.« mehrfach wiederholt hat. Dabei tauchte ein bestimmtes Bild auf (»... jemanden meterhoch über sich zu haben, der auf einen runterschaut, und so ein Gefühl von schutzlos sein«[11]). Am Anfang fühlte sich das ganz schlimm an ... deshalb hat sie es nur kurz, etwa eine halbe Minute konstatierend betrachtet (»Es kann sein, dass das passiert ...«).
K.: »Und nun fühle ich mich einfach nur erschöpft.«

Die Beraterin erklärt ihr, dass diese Erschöpfung ein gutes Zeichen dafür sei, dass die Introvision zu wirken beginnt. Die Klientin hat noch einige weitere Fragen zum Ablauf, die sie gemeinsam besprechen.

Die Klientin schreibt sich diesen Kernsatz auf eine kleine Karteikarte und verabredet mit der Beraterin, dass sie das KAW auf das Zentrum des Unangenehmen in den nächsten Tagen jeweils morgens durchführen wird.

Beispiel 2: Schlafstörungen und Perfektionismus

Der folgende Bericht stammt von einem Studenten, der halbtags mit Behinderten arbeitete und zwar in der Frühschicht. Er bezeichnete sich selbst als zwanghaft pünktlich und wandte darauf die Introvision an (der folgende Bericht wurde leicht gekürzt).

5 »Problemen gelassen ins Auge schauen«

»Ich bin zwanghaft pünktlich, vielmehr überpünktlich. (...) Auffällig für mich wurde es dadurch, dass ich, wenn ich morgens zum Frühdienst muss und mir einen Wecker gestellt habe, ich immer wieder nachts aufwachte und bald im Halbstundentakt auf meinen Wecker guckte, ob ich noch Zeit habe. Auch wenn es noch Stunden waren, fand ich nicht mehr zur Ruhe und stellte den Wecker dann meist eine Minute vorher aus und stand gerädert auf. Auf diese Situation habe ich KAW gemacht. Es stellte sich dabei heraus, dass das Unangenehme in erster Linie das laute Geräusch des Weckers war. Um diesem Geräusch zu entgehen, wollte ich den Wecker vorher ausstellen und bin deswegen immer wieder aufgewacht.

Bei der Introvision zeigte sich, dass das Zentrum des Unangenehmen das war, was sich mit dem Klingeln verband, nämlich, dass ich aufstehen *musste* und zum Frühdienst gehen *musste*. Ich untersuchte weiter die Situation, die ich mit dem Frühdienst verband und sehr schnell kam mir dabei der Gedanke ›Hoffentlich mache ich alles richtig!‹. Am Ende jedes Frühdienstes habe ich bisher immer alles geschafft und war dann auch zufrieden, aber mit dem Klingeln des Weckers eingeläutet wurde dann immer diese Phase der Unsicherheit und des Imperativs: ›Du *musst* alles richtig machen! Du *musst* an alles denken!‹. Die KUS: ›Bisher hast Du doch immer alles geschafft!‹ und: ›Wird schon schief gehen!‹ hat mich über einen längeren Zeitraum dazu veranlasst, seltener KAW zu machen. Irgendwann habe ich die KUS dann aber erkannt und abgeschnitten und erreichte den Imperativ: ›Du musst gut sein in den Dingen die du tust, um etwas wert zu sein! Wenn du Fehler machst, bist du wertlos!‹ Auf die unterliegende Kognition: ›Es kann sein, dass ich wertlos bin!‹ habe ich wiederum KAW gemacht und kam zu dem Imperativ: ›Du musst einen hohen Wert haben, sonst stehst du alleine da!‹. Auf die daraus resultierende Subkognition: ›Es kann sein, dass ich alleine dastehe!‹ habe ich über einen längeren Zeitraum von knapp 3 Wochen immer wieder kurz KAW gemacht. Nach dieser Übung ging es mir immer besser und ich fühlte mich immer etwas ›leichter‹. Mittlerweile habe ich kein Problem mehr mit meinem morgigen Klingeln und schlafe durch, bis ich dann wirklich aufstehen muss. Meine Arbeit geht viel leichter von der Hand und auch, wenn etwas Unvorhergesehenes passiert, kann ich sehr viel entspannter und flexibler damit umgehen.«

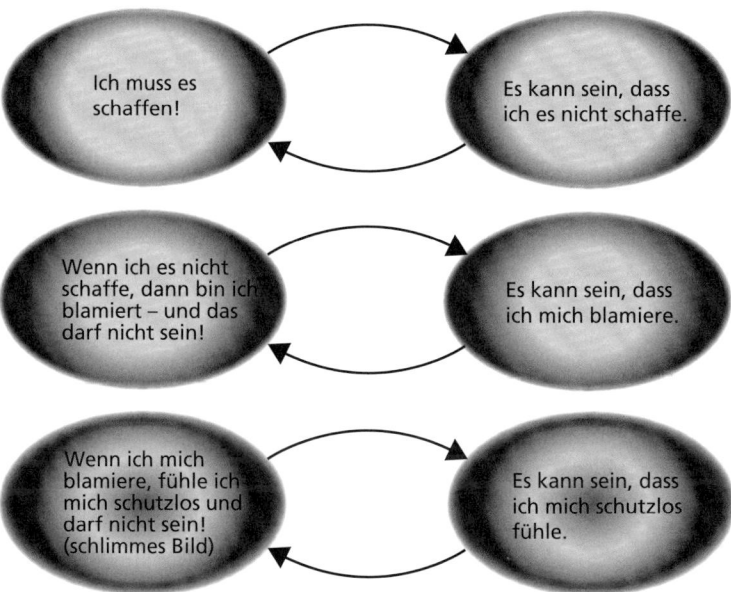

Abb. 5.1: Beispiel für eine Imperativkette »Prüfungsangst«

Beispiel 3: »Immer verlege ich meinen Schlüssel!« Introvision auf unliebsame Angewohnheiten

Es gibt viele Angewohnheiten, die wir gerne wieder loswerden möchten: Sich beim Klavierspielen immer wieder an derselben Stelle zu verspielen, beim Sport immer wieder denselben Fehler zu machen oder eben den Schlüssel zu verlegen. Wenn gute Vorsätze hier nicht helfen, dann ist Introvision angesagt. Bei Angewohnheiten handelt es sich um hochautomatisierte Handlungen; deshalb wird hier die Standbildmethode (▶ Kap. 5.2) angewandt.

Bei dem verlegten Schlüssel bedeutet dies, sich an eine typische Situation zu erinnern und den inneren Film dazu langsam ablaufen zu lassen – bis zu dem Moment, wo der Schlüssel unachtsam irgendwo abgelegt wird. In diesem Fall war es das Telefon, das klingelte und der Imperativ auftauchte, »Ich muss unbedingt das Gespräch annehmen, bevor es aufhört zu klingeln!« In der Zeitlupe lässt sich gut beobachten, wie ein weiterer Imperativ auftaucht: »Bloß schnell den Schlüssel weglegen!« In dem Moment, in dem man sich das imperiert, macht man innerlich »die Augen zu« und bekommt deshalb nicht mit, wohin man den Schlüssel legt. Ziel der Introvision ist es, dieses automatische Ausblenden zu beenden. Introvision bedeutet, zunächst nach dem Kern des Konflikts zu suchen (»Was daran ist gefühlsmäßig schlimm, wenn ich das Gespräch nicht annehme?«) und darauf dann KAW anzuwenden.

Beispiel 4: Gelassenheit durch Blitzintrovision zur Vorbereitung auf eine schwierige Situation

Das folgende Beispiel zeigt, wie sich Blitzintrovision zur Vorbereitung auf eine schwierige Situation anwenden lässt, zum Beispiel auf eine Verhandlung, eine Bewerbung, ein Mitarbeitergespräch, die Leitung einer Sitzung, die Durchführung einer Unterrichtsstunde und vieles mehr.

Blitzintrovision ist sozusagen die »kleine Schwester« der Introvision. Blitzintrovision heißt, beim Auftauchen eines Imperativs kurz die dazu gehörige Subkognition konstatierend zu registrieren. Entscheidend daran ist der blitzschnelle Wechsel vom Modus des sich Imperierens (»Das muss einfach so sein! Der darf das nicht wieder tun! Wir müssen uns durchsetzen! Es wäre schlimm, wenn das nicht gelingt!«) in den Modus des Konstatierens (»Es kann sein, dass ...«) und damit in den Modus der Gelassenheit.

Was das bedeutet, lässt sich an folgendem fiktiven Beispiel erläutern. Eine Lehrerin wendet Blitzintrovision morgens auf dem Weg zur Schule an. Dabei geht ihr vielerlei durch den Kopf, zum Beispiel:

- (*imperierend*) Hoffentlich geht das nachher gut!
- (*konstatierend*) Es kann sein, dass es nicht gut geht.
- (*imperierend*) Der A. darf sich nicht wieder so aufspielen!
- (*konstatierend*) Es kann sein, dass er sich wieder aufspielt.
- (*imperierend*) Ich muss meine Sache gut machen!
- (*konstatierend*) Es kann sein, dass ich meine Sache nicht gut mache.

Wenn die Lehrerin konstatiert, dass es sein kann, dass A. sich wieder aufspielt, dann malt sie sich das nicht weiter aus, sondern sie konstatiert einfach, dass diese Möglichkeit besteht, ohne darauf weiter einzugehen. Auf diese Weise gelingt es ihr, vergleichsweise gelassen in den Unterricht zu gehen.

5.2 Erläuterungen zu einzelnen Phasen der Introvision anhand von weiteren Praxisbeispielen

Im Folgenden werden die einzelnen Phasen der Introvision im Rahmen von Beratung und Coaching wie auch in der Eigenanwendung näher erläutert.

Phase 1: Vorbereitung

Zur Vorbereitung gehört als erstes, festzulegen, worauf die Introvision angewendet werden soll.

Grundsätzlich lässt sich Introvision auf vielerlei Probleme anwenden[12]: von leichten Irritationen (Lärm in der Bahn, ein tropfender Wasserhahn) über alltagsübliche Konflikte, wie zum Beispiel Angst vor einer Prüfung, Ärger mit Kollegen, Stress im Wettkampf, ungelöste Entscheidungskonflikte und Hemmungen (z. B. Schüchternheit), bis hin zu chronischen Konflikten, mentalen Blockaden, Dauerverspannungen, chronisch zu hoher Erregung, unliebsamen Angewohnheiten (z. B. schnelles Aufbrausen, Dauerhetze, Bluthochdruck, chronische Eifersucht oder Prokrastination, d. h. »Aufschieberitis«) und vielem mehr. Bei diesen Problemen stehen unterschiedliche Schwierigkeiten im Vordergrund, bestimmte Gewohnheiten zu ändern, wie Hemmungen und Blockaden (Schüchternheit, mangelndes Zutrauen), zu hohe Erregung (chronisch hoher Blutdruck, Jähzorn, akute Angst, Wut und Hass), hohe Anspannung (chronischer Stress, Dauerverspannungen) oder auch unaufgelöste kognitive Leerstellen oder Widersprüche (Entscheidungskonflikte, ▸ Kap. 1.3). Dementsprechend kann das Hauptziel der Introvision in erster Linie sein,

- die innere Ruhe wiederzugewinnen,
- Entscheidungskonflikte, Konflikte mit der Umwelt und Konflikte mit sich selber aufzulösen,
- chronische Anspannung und Erregung zu senken und damit die Gesundheit zu fördern,
- Stress abzubauen und Hemmungen aufzulösen
- sowie die eigenen psychischen und mentalen Prozesse und die von anderen Menschen besser zu verstehen.

Festlegen, worauf Introvision angewendet werden soll

Im Prinzip kommen die meisten Klientinnen und Klienten in die Beratung oder zum Coaching und wissen bereits, worauf sie die Introvision anwenden wollen. Falls es Auswahlprobleme gibt, empfiehlt es sich, mit dem Problem anzufangen, das sie momentan am meisten belastet.

Dabei sollte auch besprochen werden, in welcher Situation dieses Problem auftaucht – als Vorbereitung auf das Nachträgliche Laute Denken (▸ Kap. 4). Falls das Problem darin liegt, dass man etwas Bestimmtes nicht macht (z. B. joggen gehen, die Wohnung putzen, eine bestimmte E-Mail schreiben), dann lautet die Frage: »Was geht mir durch den Kopf, wenn ich daran denke, dass ich ... tun könnte?«

5.2 Erläuterungen zu einzelnen Phasen der Introvision anhand

Generelle Voraussetzung für die Introvision ist, dass Klient oder Klientin in der entsprechenden Verfassung sind, Introvision durchzuführen und die Verantwortung für das eigene Handeln selbst zu übernehmen.

In den Modus des Konstatierens kommen

Um Introvision auf einen größeren Konflikt erfolgreich durchzuführen, gilt es, sich zunächst einmal zu entspannen (z. B. durch Musik, das konstatierende Beobachten des eigenen Atems, einen Gang vor die Tür oder ein paar Dehnübungen). Um anschließend den Kopf frei zu bekommen, bietet es sich an, etwaige dringende Dinge vorab zu erledigen, im Kopf »Pakete zu packen« (▸ Kap. 3.2) oder das »integrierende KAW« (▸ Kap. 3.3) durchzuführen. Und um danach in den Modus des Konstatierens hineinzukommen, kann man eine KAW-Übung mit Betonung des Weitstellens durchführen – etwa das Lieblings-KAW oder auch eine neue Variante des KAW (z. B. in einen Bissen Schokolade, in einen Schluck Saft aufmerksam konstatierend hineinzuschmecken). In diesem Modus des Weitstellens geht man dann nahtlos über in das konstatierende Wahrnehmen des Konflikts als Ganzes (Beginn von Phase 2).

Phase 2: Konstatierend wahrnehmend den Kern des Konflikts finden

Phase 2 beginnt idealerweise damit, den Konflikt als Ganzes konstatierend weitgestellt wahrzunehmen, zum Beispiel »Es ist so: Ich habe Prüfungsangst«.

Sich nicht absichtlich und zusätzlich hineinsteigern

Dabei ist es als erstes wichtig, darauf zu achten, dass man sich nicht absichtlich oder versehentlich zusätzlich in diesen Konflikt hineinsteigert. Für die Introvision reicht es aus, wenn man sich an die eigene Prüfungsangst von anno dazumal nur noch schwach erinnert. Im Unterschied zu manchen anderen psychologischen Methoden ist es

5 »Problemen gelassen ins Auge schauen«

für die Introvision *nicht notwendig*, sich in die Angst hineinzusteigern – sondern es ist im Gegenteil sogar einfacher, den Kern des Konflikts zu finden und diesen konstatierend wahrzunehmen, wenn dieser *nicht* aktuell zusätzlich mit hoher Erregung gekoppelt wird.

Wenn das Konstatieren schwerfällt: »Ich muss dieses Problem loswerden!«

Eine potentielle Falle bei der Introvision besteht darin, dass ein Klient oder eine Klientin bereits im ersten Satz sagt, »Ich habe das Problem .... – und das muss ich unbedingt loswerden!« Die Falle liegt darin, dass Beraterin oder Coach darauf eingehen und implizit diesen Imperativ mit übernehmen: »Ja, den müssen wir loswerden!« Das sind die Fälle, bei denen sich das Gespräch der beiden irgendwann im Kreis zu drehen beginnt. Die Lösung liegt darin, genau diesen Erstimperativ aufzugreifen. Dafür ein Beispiel von Redeangst: Der Klient ist ein Geschäftsmann, der demnächst eine schwierige Präsentation vor sich hat.

K.: »Ich muss meine Redeangst loswerden!«
B.: »Es kann sein, dass du deine Redeangst nicht loswirst.«
K. (verblüfft, kritisch, abwehrend, imperierend): »Ich will sie aber unbedingt loswerden!!«
B. (erläutert ggf. ihre Vorgehensweise und sagt dann konstatierend): »Es kann sein, dass du deine Angst nicht los wirst. Was geht dir als erstes dabei automatisch durch den Kopf?«
K.: »Dann bin ich ein Versager! – und das darf nicht sein!«

Damit war der Klient schon fast bei einem weitreichenden Kernimperativ angelangt. Ein kurzes KAW auf den Satz: »Es kann sein, dass ich ein Versager bin«, zeigte, dass sich damit für ihn eine Erinnerung an eine unangenehme Szene verbindet (»in die Ecke gedrängt sein«). Wiederholtes KAW auf die Erkenntnis »Es kann sein, dass ich in die Ecke gedrängt werde« führte dazu, dass sich seine Versagensangst auflöste – und er wieder in der Lage war, nicht nur in der Prüfung, sondern auch in anderen Situationen gelassen zu bleiben.

5.2 Erläuterungen zu einzelnen Phasen der Introvision anhand

Wenn die Beraterin oder der Berater diesen Erstimperativ übersieht oder die Klientin oder der Klient in der Eigenanwendung diesen geflissentlich ignoriert, bleibt die Introvision oft erfolglos. Im oben genannten Beispiel 2 (»Schlafstörungen«) handelt es sich um jemanden, der aus *Angst* davor, nicht perfekt zu sein, Angst davor hat, in der Prüfung Angst zu empfinden (und nach außen zu zeigen). Das ist ein Beispiel für Angst vor der Angst. Der erste Schritt besteht in diesem Fall darin, erst einmal die *Angst* vor der Angst abzubauen und aufzulösen – und das heißt, konstatierend wahrzunehmen, dass es sein kann, dass man Redeangst hat.

Und falls sich eine Introvisionsberatung verheddert, dann empfiehlt es sich unter Umständen noch einmal zu fragen, wie der erste Satz hieß, mit dem die Introvisionsberatung begann.

Schritt 1: Den Konflikt konstatierend betrachten

Hier gibt es mehrere Möglichkeiten. Die erste besteht darin, den Konflikt als Ganzes konstatierend wahrzunehmen. Falls dies zu schwierig ist, lässt sich die Methode des Nachträglichen Lauten Denkens anwenden. Bei stark automatisiertem Eingreifen empfiehlt sich drittens die Standbildmethode. Diese drei Methoden können gegebenenfalls auch nach einander angewandt werden. Die Leitfrage ist bei allen drei Vorgehensweisen dieselbe, nämlich die Frage danach, was sich jemand in der entsprechenden Situation imperiert.

Den Konflikt als Ganzes konstatierend betrachten

Falls es dem Klienten möglich ist, den Konflikt als Ganzes konstatierend zu betrachten, soll er dies tun. Leitfrage dabei ist: Was daran ist das Zentrum des Unangenehmen? (► Kap. 3, KAW-Übung 4) Dazu noch einmal ein Beispiel für Prüfungsangst.

K.: »Ich sehe meine Prüfungsangst vor mir: ein Luftballon, der gegen meinen Kopf drückt.«
B. (Das Zentrum des Unangenehmen?)

K.: »Der Druck gegen meinen Kopf.«
B. (In das Zentrum des Unangenehmen hineinspüren?)
K.: »Unangenehm daran ist der Druck – das darf nicht sein!« (Erstimperativ)
B. (konstatierend): »Es kann sein, dass da Druck ist.«
K. (macht KAW darauf)
K. (aufgebracht, klagend): »Die anderen setzen mich so unter Druck!« (Es darf nicht sein, dass die mich unter Druck setzen!)
B. (konstatierend): »Es kann sein, dass sie dich unter Druck setzen.« (...)

Nachträgliches Lautes Denken (NLD): Darauf achten, was einem in der entsprechenden Situation als *erstes* durch den Kopf schießt

Gefragt wird beim NLD ausdrücklich nach dem, was einem in einer bestimmten Situation als erstes »durch den Kopf schießt« – und zwar im »O-Ton«. Der Grund dafür ist schlicht, dass das, was mit der stärksten Erregung gekoppelt ist, sich sozusagen nach vorne drängt – und somit als erstes durch den Kopf geht. Das ist so, wie es manchmal bei Kindern zu beobachten ist: Wer am lautesten schreit, zieht die meiste Aufmerksamkeit auf sich. In diesem Fall ist das genau der Imperativ, den wir suchen, nämlich derjenige Imperativ, der mit der meisten Erregung aufgeladen ist – und uns am schnellsten zum Kern(imperativ) führt.

Die Methode des Nachträglichen Lauten Denkens einüben

Die Methode des Nachträglichen Lauten Denkens (NLD): »Was ging Ihnen vorhin durch den Kopf, als Sie diesen Raum betraten?«[13]
Ziel beim Nachträglichen Lauten Denken ist es, diejenigen Kognitionen wiederzugeben, die einem in einer bestimmten Situation »durch den Kopf« gegangen sind. Zur Unterstützung dieser Erinnerung (deshalb auch der Begriff des »stimulated recall«) können beispielsweise Videoaufzeichnungen verwendet

5.2 Erläuterungen zu einzelnen Phasen der Introvision anhand

werden. Gefragt wird nach dem, was der Person direkt in der Situation »durch den Kopf« ging, das, was sie in dem Moment zu sich selbst gesagt hat, vielleicht auch ein Bild, das dabei aufgetaucht ist – also um die »automatischen Gedanken« im Sinne von Beck (1971): Gedanken, Bilder, Gefühle. Es geht nicht darum, was die Person jetzt im Nachhinein darüber denkt, wie sie es einordnet oder bewertet, sondern vielmehr um das, was in der Medienwissenschaft als »Originalton« bezeichnet wird. So sagt ein Individuum kaum im ersten Moment zu sich selbst: »Mein Selbstwertgefühl war beeinträchtigt«, sondern es denkt zunächst z. B.: »Oh, ich habe mich blamiert! Wie schrecklich!«

Als Einführung in die Technik des NLD kann die folgende Übung dienen: Nach einer ausführlichen Erläuterung des NLD werden die Teilnehmerinnen und Teilnehmer gebeten, sich daran zu erinnern, was ihnen vorhin, als sie den Veranstaltungsraum betraten, »durch den Kopf« gegangen ist. »Was haben Sie in dem Moment zu sich selbst gesagt?« Das können beispielsweise Gedanken sein, wie »Huch, das ist ja leer heute!« oder »Du meine Güte, ich bin fast zu spät« oder »Ich hoffe, er ist wieder da«, »Wo soll ich mich hinsetzen? Nur nicht neben die ...!« etc.

Diese »automatischen« Gedanken, (inneren) Bilder und Gefühle sollen dann individuell schriftlich festhalten werden. Dabei wird ausdrücklich versichert, dass niemand verpflichtet ist, den Inhalt irgendjemandem zu erzählen. Anschließend sollen die Erfahrungen mit dieser Übung zu zweit oder zu dritt ausgetauscht werden, bevor dann darüber im Plenum gesprochen wird.

Dieses NLD lässt sich auch dann anwenden, wenn jemand etwas nicht tut, was er oder sie sich eigentlich vorgenommen hat. Stellen wir uns vor, eine Klientin oder ein Klient will regelmäßig joggen gehen, tut dies jedoch nicht. Dann lautet die Frage: »Stellen Sie sich eine Situation vor, in der Sie gerade daran denken, dass Sie jetzt eigentlich joggen gehen könnten. Was schießt Ihnen in dieser Situation als erstes durch den Kopf?«

5 »Problemen gelassen ins Auge schauen«

Das, was einem durch den Kopf schießt, möglichst wortgetreu wiedergeben (»0-Ton«)

Im Alltag sind wir daran gewöhnt, das, was wir tatsächlich denken, zu verallgemeinern und dabei sprachlich umzuformulieren. Wir sagen zum Beispiel, dass wir Angst vor einer neuen Beziehung haben. Gefragt, was uns in der entsprechenden Situation tatsächlich durch den Kopf schießt (NLD) entdecken wir beim KAW, dass wir dabei eine bestimmte unangenehme Szene vor Augen haben (jemand dreht sich weg), verbunden mit dem Gedanken: »Der lässt mich im Stich!! – und das darf auf keinen Fall sein!!« Die unangenehmen Gefühle sind unmittelbar verknüpft mit dem Bild und der Formulierung »im Stich gelassen werden«. Würde die Beraterin dies versehentlich umformulieren zu »Es kann sein, dass Sie allein gelassen werden«, würde der Klient vermutlich mit den Schultern zucken und sagen, dass er das nicht schlimm findet. Deshalb gilt es bei der Introvision, die Worte des Klienten direkt aufzugreifen und angemessen wortgetreu wiederzugeben (eventuelle Übertreibungen ausgenommen).

Die Standbild-Methode

Bei stark automatisiertem Verhalten empfiehlt sich die Standbildmethode als Grundlage für das Nachträgliche Laute Denken. Diese Methode wurde von der Erstautorin in Anlehnung an ähnliche Übungen aus dem Bereich des mentalen Trainings für die Introvision weiterentwickelt[14].

> **Standbild-Methode**
> Beim Abspielen eines Videos bedeutet ein Standbild, dass der Film an einer bestimmten Stelle angehalten, sozusagen »eingefroren« wird. Auf diese Weise kann man die entsprechende Situation in Ruhe betrachten. In ähnlicher Weise lässt sich das innere Videoband oder der innere Film von einer bestimmten Situation im Bewusstsein »anhalten«. Diese Situation lässt sich dann in Ruhe

5.2 Erläuterungen zu einzelnen Phasen der Introvision anhand

betrachten. Ausgangspunkt ist die Frage, was daran das Zentrum des Unangenehmen ist.

Selbstanleitung:
»Ich schließe die Augen und lasse meinen inneren Film von der entsprechenden Situation vor meinem geistigen Auge ablaufen. Ich halte ihn genau in dem Moment an, um den es geht und betrachte das Standbild in aller Ruhe.«

Ein Beispiel für die Anwendung der Standbild-Methode:

Nach einer schwierigen Gruppensitzung fragt sich der Klient, was ihn an dieser Sitzung gestört hat. Er fühlt sich unbehaglich, irgendetwas stört ihn, aber er weiß nicht so recht, was es ist. Er schließt die Augen und sucht bei seinem inneren Film oder Videoband nach Stellen, an denen dieses Unbehagen besonders stark war. Er hält den Film an, lässt ihn sehr langsam vor seinen Augen abrollen und stößt auf eine Stelle, an der ein Teilnehmer zu einem anderen etwas gesagt hat, das ihn, den Klienten, alarmiert hat. Er hält den Film an, schaut sich das genauer an, macht dann ein paar Minuten lang KAW darauf und beschließt dann, der Sache am nächsten Tag nachzugehen.

Schritt 2: Den ersten subjektiven Imperativ heraushören (»Es darf nicht sein, dass ...!«)

Der Erstimperativ

Wichtig ist, bei der Introvision den ersten subjektiven Imperativ herauszuhören, der im Zusammenhang mit dem jeweiligen Problem auftaucht.

Wenn es zum Beispiel um Prüfungsangst geht, kann es sein, dass der Klient oder die Klientin zu Beginn der Beratung sagt: »Ich muss meine Prüfungsangst unbedingt loswerden!«, dann ist es notwendig, bereits diesen ersten Imperativ als Imperativ aufzugreifen und darauf entsprechend einzugehen (»Es kann sein, dass Sie die Prüfungsangst nicht loswerden.«). Das gleiche gilt, wenn ein Klient Introvision ohne eine Beraterin im Hintergrund durchführt. Auch hier heißt es hellhörig zu sein und den ersten Imperativ aufzugreifen sowie die dazu gehörige Subkognition konstatierend weitgestellt wahrzunehmen samt den dazu gehörigen etwaigen Gefühlen, Bildern, Tönen und/oder körperlichen Empfindungen (»... und das wäre wirklich schlimm!«) (mehr dazu weiter unten).

Am leichtesten sind subjektive Imperative an dem mit ihnen verbundenen *Gefühl* zu erkennen, ein Gefühl von Dringlichkeit, sich selbst oder anderen etwas aufzuzwingen, aufzudrängen, zu versuchen sich (oder andere) zu drängen, zu nötigen, unter Druck zu setzen – kurz einem Gefühl von »*muss*« bzw. »*darf nicht*«. Dieses Drängen kann unterschiedlich stark sein – von subtil bis zu extrem und es kann auf unterschiedlichen Wegen übermittelt werden: durch den Ton einer Stimme, die Sprechweise, durch Mimik, Gestik und auch durch die Qualität von Bewegungen (z. B. Anspannung, Hektik).

Eine weitere Quelle für Hinweise auf Imperative ist die Auswahl von Wörtern (▶ Kap. 4). In der Praxis erweisen sich vor allem Übertreibungen als wichtige Hinweisreize – so zum Beispiel Worte wie »alle, immer, nie, keiner, stets, ständig, andauernd«. Sagt jemand beispielsweise »*Alle* sind sie *immer* gegen mich, *keiner* hat mich lieb«, so steckt dahinter höchst wahrscheinlich ein Imperativ (»... und das *darf* nicht sein!«). Natürlich können diese Worte gelegentlich auch schlicht eine Feststellung beinhalten (z. B. »Alle chemischen Verbindungen sind ...«), aber erfahrungsgemäß tauchen sie im Alltag vor allem dann auf, wenn dahinter ein Imperativ steckt.

Schritt 3: Die darunter liegende Erkenntnis (Subkognition) konstatierend wahrnehmen (»Es kann sein, dass ...«)

Wie das aussieht, zeigen die obigen Beispiele. In der Regel beinhaltet die Subkognition die Erkenntnis, dass das, was nicht geschehen darf, in Zukunft (wieder) geschehen kann oder geschehen könnte – und das ist in den meisten Fällen eine epistemisch gültige Erkenntnis. In einigen Fällen ist es tatsächlich so, dass das, was nicht eintreten *darf*, dennoch eingetreten ist – dies wird dann als Subkognition auch so formuliert (»Es ist so, dass ...«).

Falls sich die Beraterin oder der Berater nicht sicher ist, ob es tatsächlich so ist, wie die Klientin oder der Klient sagt, oder ob sie, bzw. er übertreibt, empfiehlt es sich, im Zweifel die Möglichkeitsform zu wählen (z. B. »Es kann sein, dass ...«, »Vielleicht ist es so, dass ...«, »Es könnte sein, dass ...«, »Es besteht eine kleine Chance, dass ...«). Das erspart im oben zitierten Fall (»Keiner liebt mich ...«) die Auseinandersetzung mit der Klientin oder dem Klienten, ob es nun tatsächlich so ist, dass ihn wirklich niemand liebt, was Liebe eigentlich bedeutet etc. Wichtig bei der Introvision ist, der Möglichkeit, dass andere ihn nicht lieben, gelassen ins Auge zu schauen – und so die Angst davor zu verlieren bzw. aufzuhören, sich darüber zu ärgern.

Schritt 4: Die Subkognition eine Weile lang konstatierend wahrnehmen

Dieser Schritt kann unterschiedlich lange dauern – ein, zwei Sekunden oder auch ein paar Minuten. Dabei kommt es darauf an, den *Fokus* der Aufmerksamkeit ein Weilchen lang konstatierend auf die Subkognition und das darin enthaltene Zentrum des Unangenehmen gerichtet zu halten: ein bestimmter Ton, ein Bild, ein körperliches Empfinden (»Da schnürt sich mir die Kehle zu«) oder ein bestimmtes Gefühl (»platt wie eine Flunder«). Wenn dann ein weiterer Imperativ auftaucht, dann geht es weiter mit Schritt 5.

Schritt 5: Gegebenenfalls die Imperativkette bis zum Kernimperativ zurückverfolgen

Wie die Erfahrung zeigt, ist die Imperativkette bis zum Kernimperativ oft relativ kurz (Beispiel Prüfungsangst ▶ Kap. 5.1), d. h. maximal drei bis vier Imperative lang. Das Explorieren der Imperativkette kann ein paar Minuten dauern – oder auch gelegentlich mehrere Sitzungen erfordern.

5 »Problemen gelassen ins Auge schauen«

Wenn viele Imperative auf einmal auftauchen

Es kann passieren, dass auf einer Ebene viele verschiedene Imperative auftauchen. Beispielsweise kann die Frage danach, was schlimm daran ist, eine Versagerin oder ein Versager zu sein, bei einer Klientin oder einem Klienten eine Vielzahl von Imperativen aktivieren (»kein Geld verdienen«, »die Ehefrau zu verlieren«, »Pleite zu gehen«, etc.). In diesem Fall kann es helfen, erst einmal Blitzintrovision auf diese einzelnen Imperative zu machen und sich dann zu fragen, was unter diesen vielen Dingen gefühlsmäßig das Unangenehmste ist. Führt auch das nicht weiter, so kann man sich einfach die Frage (»Was ist das gefühlsmäßig Unangenehmste daran, ein »Loser« zu sein?«) noch einmal stellen und dann mit dem dabei als erstes auftauchenden Imperativ beginnen. Erfahrungsgemäß schält sich dann, früher oder später, der entscheidende Kern des Konflikts heraus. Übrigens: Dieser Kern kann so unangenehm oder peinlich sein, dass die Klientin oder der Klient diesen nicht aussprechen möchte. Für diesen Fall hilft die generelle Verabredung, dass die Klientin oder der Klient jederzeit die Möglichkeit hat, den Kern eines Konflikts umzubenennen (»XY«, »Silberdistel«). Entscheidend ist nicht das Aussprechen, sondern das konstatierende Betrachten dieses Kerns.

Nicht zusätzlich ausmalen

Wichtig ist, das »Schlimme« als Ganzes konstatierend wahrzunehmen, es sich jedoch nicht zusätzlich auszumalen.

Woran lassen sich Kernimperative erkennen?

Ein guter Indikator dafür ist, dass das Endloskreisen der Gedanken plötzlich für einen Moment aufhört, und die Klientin oder der Klient mit leiser Stimme konstatiert: »Es kann sein, dass das passiert (flüsternd) und das wäre wirklich schlimm«. Es tritt ein Moment der Stille ein, ein Innehalten – so wie es im Zentrum eines Wirbelsturms momentan ruhig wird. Bei einfachen Konflikten ist damit oft schon

5.2 Erläuterungen zu einzelnen Phasen der Introvision anhand

die Auflösung erreicht. Die Klientin oder der Klient lacht vielleicht kurz, sie oder er stellt fest, dass das so sein kann – und damit ist der Konflikt beendet. Bei komplexeren Konflikten kann dies länger dauern – und gelegentlich kann es auch vorkommen, dass das, was man ursprünglich für den Kernimperativ gehalten hat, noch einen tieferen »Kern im Kern« enthält, den es dann zu de-imperieren gilt.

Konfliktumgehungsstrategien abschneiden und bewusste Überlegungen zur Problemlösung auf später vertagen

In allen Phasen der Introvision gilt es, Konfliktumgehungsstrategien (KUS, ▶ Kap. 4.3, ENTGEHN) abzuschneiden. Abschneiden bedeutet, die Aufmerksamkeit von der KUS weg und wieder auf die letzte aufgefundene Subkognition zurückzulenken. Was das bedeutet, lässt sich am Beispiel der Prüfungsangst (▶ Kap. 5.1) erläutern.

B.: »Was geht Dir in dieser Situation *als erstes durch den Kopf*?«
K. (wie aus der Pistole geschossen): »Ich muss es diesmal einfach schaffen!!«
B. (gibt konstatierend wieder, leicht schwebend): »Es ist so: Es kann sein, dass du es nicht schaffst.«
K.: »Ich muss einfach mehr lernen! Ab morgen sitze ich schon um fünf am Schreibtisch!« (KUS: ein neuer Imperativ)
K.: »Andere haben auch Probleme mit dem Seminar!« (KUS: sich rechtfertigen)
K.: »Das liegt an meiner Kindheit. Schon im ersten Schuljahr ...« (KUS: theoretisieren)
K.: »Ach wenn die Prüfung doch schon vorbei wäre ...!! Ach, hätte ich doch nur ein anderes Fach gewählt!« (KUS: sich eine andere Welt wünschen)
K.: »Ich gebe das Studium auf!« (KUS: das Problem durch Handeln umgehen)
K.: »Die Uni ist einfach schlecht organisiert, das geht doch gar nicht!« (KUS: die Schuld bzw. die Verantwortung auf andere schieben)

Weitere Beispiele finden sich in Kapitel 4.

Die Beraterin schneidet die KUS höflich ab (»Das mag sein«) und lenkt die Aufmerksamkeit zurück auf die letzte Subkognition – (konstatierend) »Es kann sein – es könnte sein –, dass du es nicht schaffst.«

Das gleiche gilt für bewusste Überlegungen zur Lösung des Problems – auch diese werden abgeschnitten und auf später vertagt. Der Grund dafür ist, dass beide unseren Arbeitsspeicher brauchen. So wie wir nicht gleichzeitig lesen und Kopfrechnen können, so können wir nicht gleichzeitig Introvision machen und über praktische Problemlösungen nachdenken – deshalb ist es sinnvoll, letzteres zu verschieben.

Phase 4: Ausklingen lassen

Ausklingen lassen bedeutet, sich Zeit dafür zu nehmen, die Erfahrungen mit der Introvision zu verarbeiten und sich danach etwas auszuruhen. Introvision kostet Energie – je tiefer die Introvision, desto mehr. Manche Klientinnen und Klienten berichten, dass sie anschließend ziemlich müde waren und erst einmal eine Zeit lang geschlafen haben. Der Grund dafür liegt auf der Hand: Während wir bewusst »nur konstatierend in uns hineinschauen«, laufen intensive physiologische Heilungsprozesse ab, die auch nach der Beendigung der Introvisionssitzung weiterlaufen – und diese kosten Energie, so wie beispielsweise eine kurze Laserbehandlung auch.

Zum Ausklingen lassen gehört im Übrigen auch, ggf. zu planen, wann und wo das KAW auf den Konfliktkern fortgesetzt werden soll, und sich dafür die Subkognition wortwörtlich zu notieren.

5.3 Die Auswirkungen der Introvision

5.3.1 »Wenn die Windböe plötzlich aufhört«: Die rasche Auflösung eines Konflikts

In einigen Fällen wirkt die Introvision wie ein kleines Wunder: einmal kurz konstatierend hingeschaut und wir sind wieder innerlich ruhig. In diesen Fällen handelt es sich um kontrolliertes Eingreifen, das ebenso schnell aufhören kann, wie es begonnen hat – so wie eine Windböe plötzlich wieder aufhören kann und die Wellen dann rasch wieder abebben.
Dafür ein paar Beispiele:

Rückenschmerzen: Der Klient K. D. litt häufiger unter Rückenschmerzen. Eines Tages machte er zufällig KAW auf diesen Rückenschmerz – und plötzlich war der Schmerz weg. Auch in den folgenden Wochen und Monaten passierte das gleiche: Sobald er diesen Schmerz weitgestellt konstatierend wahrnahm, verschwand dieser. Ihm erschien das wie ein kleines Wunder, für das er dankbar war.

Was in diesem Fall aufhörte, war das kontrollierte mentale Eingreifen. Sobald er wieder seine empfindliche Stelle im Rückgrat zu spüren begann (noch unterhalb der Schmerzgrenze), imperierte er sich (verständlicherweise) sinngemäß ›Das darf nicht sein, dass ich schon wieder Schmerzen habe!‹ Dieses Imperieren führte dazu, dass er seine Aufmerksamkeit nun engstellte auf den Schmerz. Und dieses Engstellen geht automatisch einher (▶ Kap. 2) mit erhöhter Erregung und Anspannung – in anderen Worten, er spannte sich zusätzlich an, was den Schmerz verstärkte. Gleichzeitig stieg die innere Erregung an – und das Schmerzempfinden verstärkte sich dadurch. Kluge Eltern lenken deshalb die Aufmerksamkeit ihres Kindes von der schmerzenden Stelle ab, und das gleiche tat er selbst, als er beim KAW seine Aufmerksamkeit weitstellte und den Raum um sich herum wahrnahm. Das Weitstellen ist hier das zentrale Element: Beim Weitstellen wird die Erregung gewissermaßen diffundiert, das heißt breit gestreut und nicht mehr mental auf einen Punkt zentriert. Aus medizinischer Sicht bedeutet dies, dass das Eingreifen dazu führte, das aus einem »unguten Gefühl«, das sich leicht ausblenden lässt, ein akuter Schmerz[15] wurde. Anders ausgedrückt: Ein plötzlicher Windstoß bewirkt, dass aus kleinen, unscheinbaren Wellen plötzlich große Wellen werden, die einem unmittelbar ins Auge fallen.[16]

Krisensitzung: Ein Klient berichtete, dass er spontan in einer Sitzung den Kern des Konflikts konstatierend ausgesprochen hatte – mit verblüffendem Erfolg. Nachdem sich die Diskussion gefühlt endlos im Kreis gedreht hatte (»Tun wir dies, dann ... kann es sein, dass es schief geht – und tun wir das Gegenteil, dann kann es auch sein, dass es schief geht.«) konnte dieser Prozess durch die Introvision beendet werden.

Durch die Introvision war er inzwischen gewohnt, den Kern des Konflikts zu erkennen – und diesen sprach er spontan gelassenkonstatierend aus: »Es kann sein, dass das schief geht.« »Plötzlich waren alle still«, berichtete er, »wie die plötzliche Windstille inmitten eines Orkans«. Danach ging das Gespräch in sehr viel ruhigerem Ton weiter (»Ja, es kann sein, dass es schief geht«) und die Krise wurde schließlich erfolgreich gemeistert.

Verhinderung eines Auffahrunfalls: Eine Klientin berichtete, dass sie in starkem Feierabendverkehr auf regennasser Fahrbahn plötzlich ins Rutschen kam. In diesem Moment wandte sie auf ihren Imperativ Blitzintrovision an (»Es kann sein, dass ich auf das Auto vor mir drauffahre«). Dadurch wurde sie unmittelbar wieder ruhig – und es gelang ihr, einen Unfall geistesgegenwärtig zu verhindern.

»Ich spüre nichts mehr – war das schon alles?« Manchmal wirkt die Introvision auf den Kern des Konflikts so rasch, dass der Klient verunsichert reagiert. Eine Klientin kam verärgert in die Introvisionsberatung. Sie hatte sich über ihre Kollegin aufgeregt. Auf die

5.3 Die Auswirkungen der Introvision

Frage nach dem Zentrum des Unangenehmen sagte sie: »Diese Frau ist einfach doof!« B.: »Es kann sein, dass sie doof ist.« – Die Klientin, verdutzt, stutzt ein wenig und sagt dann lachend: »Ja, das ist wahr.« Und damit war für sie die Angelegenheit erledigt.

»Es kann sein, dass meine Tochter unglücklich ist und ich schuld daran bin.« Die Klientin war alleinerziehende berufstätige Mutter. Im Rahmen eines Introvisionsberatungsgesprächs tauchte u. a. die oben genannte Subkognition auf. Sie machte darauf KAW und berichtete, dass dieser Gedanke ihr die Kehle zuschnürte und das Herz schwer machte. Nach dem Ende dieser Introvisionssitzung hatte sich dieser Konflikt offensichtlich aufgelöst. Sie versuchte in den folgenden Tagen mehrfach, darauf wieder KAW zu machen, aber das Schlimmgefühl war zu ihrer Verblüffung »einfach weg«.

Anders sieht es aus, wenn das Eingreifen automatisch erfolgt.

5.3.2 Die Auflösung eines Konflikts dauert länger an

In vielen Fällen dauert die Auflösung eines Konflikts länger an. Wie lange das dauern kann, hängt vermutlich unter anderem davon ab, wie tief der entsprechende Imperativ eingeprägt und wie stark die Automatisierung ist[17]. Bei einem typischen affektiv aufgeladenen Konflikt, wie z. B. Ärger, Angst oder Wut, handelt es sich um eine Kombination von kontrolliertem und automatischem Eingreifen. Die Abbildung 5.2 veranschaulicht, was dabei passiert.

Vorübergehender leichter Anstieg der Erregung und danach dann allmähliche Abnahme

Typischerweise steigt beim KAW auf den Kern des Konflikts in solchen Fällen die innere Erregung erst *etwas* an (► Abb. 5.2), bevor sie dann schließlich allmählich abnimmt. Der Grund dafür ist, dass das, was normalerweise routinemäßig gehemmt und blockiert wird, sich nun sozusagen »ungehemmt« innerlich ausbreiten kann, bevor es dann allmählich wieder abflacht und schließlich verschwindet. Am Beispiel von Meereswellen lässt sich gut zeigen, was damit gemeint ist. Hört der Gegenwind auf, der dafür sorgt, dass die Wellen nicht zu hoch werden, so werden die Wellen zunächst einmal größer und höher, bevor sie dann allmählich abflachen und auslaufen. Wichtig ist, dieses lediglich konstatierend wahrzunehmen und nicht erneut einzugreifen. Das ist im Prinzip einfach, aber nicht immer leicht, weil um das Zentrum des Unangenehmen herum Verschiedenes »herumtoben kann« – so zum Beispiel:

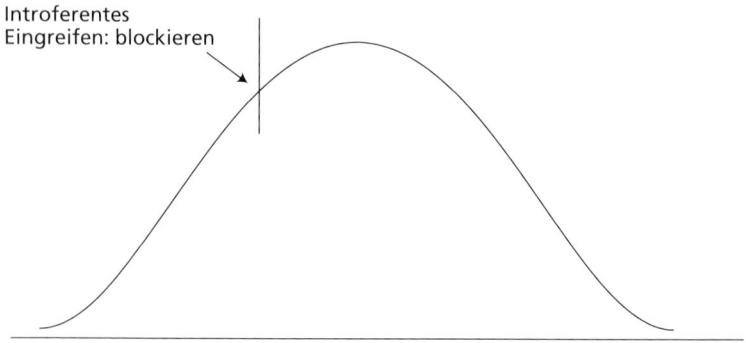

Abb. 5.2: Verlauf der Erregung über Zeit

- ein Gefühl von Alarm
  »Dann hatte ich so ein Gefühl von ›peng!‹ und ›ding!‹ und ›Alarm, Alarm!‹[18]
- körperliches Unbehagen
  »Was ich sehen konnte, war noch ganz undeutlich und vage, trotzdem begann mein Puls schneller zu schlagen. Obwohl ich im Bett lag, hatte ich das Gefühl, als ob mir der Boden unter den Füßen weggezogen würde, ein unruhiges Flattern ging durch meinen Körper.« (20)
- unangenehme Geräusche
  (*»die kreischende Stimme meiner Mutter«*)

5.3 Die Auswirkungen der Introvision

Dass das Unangenehme an der Kern-Kognition durch das konstatierende Anschauen kurzfristig noch etwas unangenehmer werden kann, bevor es dann allmählich abnimmt – das ist in etwa derselbe Effekt, der eintritt, wenn man ein schreiendes Kleinkind in den Arm nimmt: Zunächst schreit es noch ein wenig lauter, bevor es dann leiser wird und schließlich aufhört. Wenn uns dieses KAW auf das Zentrum des Unangenehmen zu viel wird, können wir es jederzeit abbrechen. Das kann unter Umständen schon nach ein, zwei Sekunden sein – oder auch erst nach fünf oder zehn Minuten. Auch ein solches Sekunden-KAW leistet schon einen kleinen Beitrag dazu, den Konflikt allmählich zu verringern und schließlich aufzulösen.

Anschließend können wir uns selbst dafür belohnen, dass wir dem Schlimmen ein paar Sekunden lang ins Auge geschaut haben – z. B. mit einem Stück Schokolade, mit unserer Lieblingsmusik oder auch mit der Übung »KAW auf das Zentrum des Angenehmen« (▶ Kap. 3).

Chronische Konflikte

Chronische Konflikte sind Konflikte, bei denen sich – um im Bild zu bleiben – viele Schichten über demselben Kern angehäuft haben. Ein Beispiel dafür sind chronische Verspannungen zum Beispiel im Nackenbereich. Hier haben sich gewissermaßen Schichten über Schichten von automatischer Anspannung angesammelt und sind chronisch geworden. In einer empirischen Untersuchung[19] haben wir im Rahmen unseres Langzeitforschungsprogramms zeigen können, dass sich diese chronischen Anspannungen bei über 80 % der Versuchspersonen dauerhaft auflösen lassen (▶ Abb. 5.3). Dazu gehörte zum einen häufiges und wiederholtes weitgestelltes KAW auf die Nackenverspannungen selbst und damit auf die Schichten automatisierter Anspannung. Der zweite Schritt bestand darin, durch Introvision den grundlegenden Konflikt aufzulösen, der dazu führte, dass sich die Versuchspersonen in bestimmten Situationen (z. B. Klingeln des Telefons) erneut automatisch verspannten.

5 »Problemen gelassen ins Auge schauen«

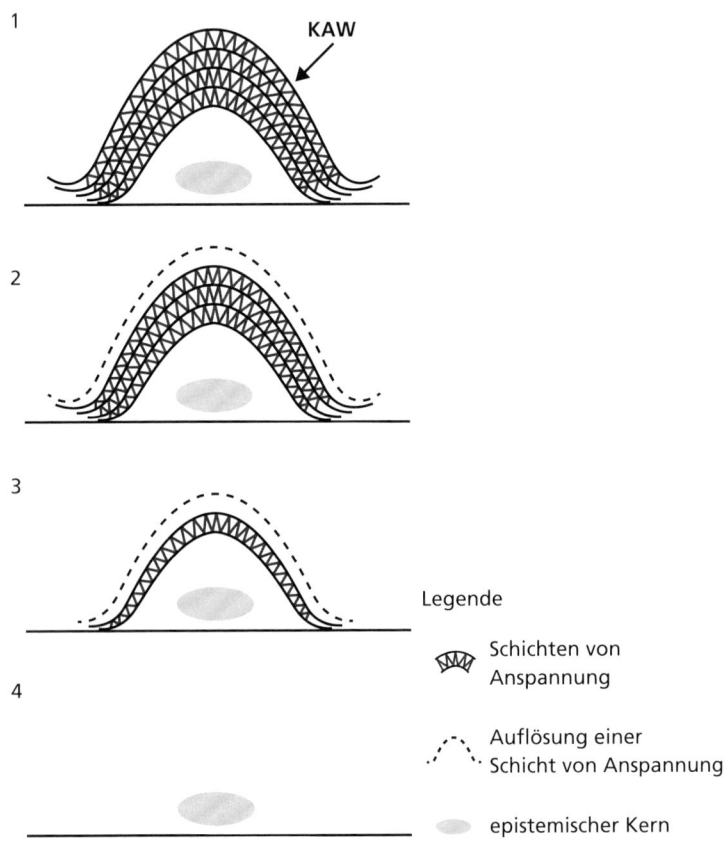

Abb. 5.3: Die Auflösung chronischer Verspannungen

Ein zweites Beispiel für chronische Konflikte sind mentale Blockaden, bei denen sich viele Schichten des automatischen Hemmens und Ausblendens bestimmter Kognitionen (Gefühle, Ideen, Bilder) angesammelt haben. In diesen Fällen liegt ein Grundkonflikt vor, beispielsweise »Es darf nicht sein, dass ich anders bin als die anderen (weil ich dann ausgelacht werde – und das ist schlimm!)«. Dieser Grundkonflikt wird im Alltag sehr häufig, vielleicht sogar andauernd aktiviert – und das führt dazu, dass weite Teile des epistemischen Systems chronisch gehemmt und blockiert werden. Das Resultat ist Lustlosigkeit, Antriebslosigkeit sowie das Gefühl, »einen Teil von sich selbst« verloren zu haben. Auch hier lässt sich Introvision erfolgreich anwenden, um die vielen aufgehäuften Schichten von Hemmungen wieder abzutragen und den verloren gegangen Teil von sich selbst wieder zu finden – und um den Grundkonflikt, der dies ausgelöst hat, aufzulösen. Das erfordert freilich mehr Zeit als die Auflösung alltagsüblicher Konflikte wie beispielsweise Prüfungsangst (▶ Kap. 5.1).

5.4 Merkmale einer erfolgreichen Konfliktauflösung

Im Allgemeinen verläuft die Auflösung eines Konflikts eher unspektakulär. Das ist in etwa vergleichbar mit dem Abklingen einer akuten Grippe: das Fieber nimmt ab, die Nase läuft seltener, der Husten wird leichter – und irgendwann ist die Grippe endgültig vorbei, ohne dass wir dabei recht merken, wann genau sie aufgehört hat. Das Aufhören eines Konflikts erfolgt nicht mit einem großen Feuerwerk, sondern der Konflikt schleicht sich in den meisten Fällen sozusagen aus (Ausnahme: das rasche Aufhören eines Konflikts, ▶ Kap. 5.3.1). Lerntheoretisch ist das bedauerlich; es fehlt gewissermaßen die Verstärkung, der große Bonbon am Schluss, das große Glücksgefühl, das die Wirksamkeit der Introvision bekräftigt. Vielmehr ist es so, dass der Konflikt aus der Aufmerksamkeit verschwindet (»War da was?«), weil die entsprechenden Kognitionen nicht mehr länger mit erhöhter Erregung gekoppelt sind. Das Ergebnis ist ein Gefühl von Gelassenheit, von innerer Ruhe in Bezug auf die entsprechende Situation.

Weitere unmittelbare Auswirkungen der Konfliktauflösung sind:

- das Endloskreisen der Gedanken hört auf: Das Problem beschäftigt uns nicht mehr.
- der Tunnelblick hört auf: Wir sehen, hören, spüren wieder mehr von dem, was gerade ist.
- und der Kopf wird wieder klar: Unser mentaler Apparat lässt uns Lösungen finden, auf die wir vorher nicht gekommen wären.

Der Praxistest

Der Praxistest besteht darin zu überprüfen, ob sich in der entsprechenden Situation das eigene Verhalten wie von selbst verändert hat. Der Konflikt mag aus dem Gedächtnis verschwunden sein, aber wir wissen noch, wie wir uns früher in derselben Situation verhalten haben und können feststellen, ob sich darin etwas verändert hat. War die Introvision erfolgreich, dann ist das Verhalten anschließend in derselben Situation entspannter, gelassener und effektiver als zuvor. Die Klientin, die vorher oft ihren Schlüssel verlegt hat, legt diesen Schlüssel nun spontan jedes Mal an dieselbe Stelle und bleibt gelassen, wenn das Telefon klingelt. Der Klavierspieler meistert die schwierigen Stellen mühelos, der ehemals prüfungsängstliche Student lernt nun gelassen und entspannt und die Krisensitzungen laufen deutlich entspannter und produktiver ab, seit der Vorsitzende zur Vorbereitung darauf Introvision anwendet.

Allgemeiner gesagt: Introvision bewirkt, dass sich das eigene Verhalten von selbst verändert und entspannter und gelassener wird – und das wirkt sich auch positiv auf andere aus.

5.5 Zusammenfassung

Das Grundprinzip der Introvision besteht darin, das Eingreifen in die entsprechenden Kognitionen zu beenden. Geschieht dieses Eingreifen ausschließlich absichtlich und kontrolliert, so reicht es aus, einfach

5.5 Zusammenfassung

damit aufzuhören: sprich, den Kern des Konflikts konstatierend wahrzunehmen (Blitzintrovision). Geschieht dieses Eingreifen auch (teilweise) automatisch, so ist es erforderlich, den Kern des Konflikts etwas länger (und ggf. auch wiederholt) konstatierend wahrzunehmen und so das automatische Eingreifen zu beenden. Ziel der Introvision ist es, durch das Beenden des Eingreifens die optimale mentale und physische Leistungsfähigkeit in Bezug auf das betreffende Problem wiederherzustellen – und somit optimale Voraussetzungen dafür zu schaffen, eine Lösung für das sachliche Problem zu finden.

Die Introvision umfasst vier Phasen: In den Modus des Konstatierens hineinkommen (1), den Kern des Konflikts mit Hilfe der Imperativanalyse finden (2), KAW auf den Kern des Konflikts anwenden (3) und die Introvision ausklingen lassen (4). Eine besondere Falle liegt darin, wenn jemand mit einem bestimmten Imperativ in die Beratung kommt (»Ich muss dieses Problem unbedingt loswerden!«). In diesem Fall ist es notwendig, zunächst Introvision darauf anzuwenden, dass es sein kann, dass der Betreffende dieses Problem nicht loswird. Bei der Suche nach dem Kern des Konflikts dienen die subjektiven Imperative als Leitfaden. Ist ein Imperativ entdeckt, gilt es, die dazugehörige Erkenntnis (Ist- bzw. Subkognition) konstatierend wahrzunehmen, nämlich, dass es sein kann, dass das, was geschehen *muss*, möglicherweise nicht geschieht. Dabei sind sowohl das Nachträgliche Laute Denken als auch die Standbildmethode hilfreich.

Wenn Konflikte (teilweise) durch automatisches Eingreifen entstehen, braucht deren Auflösung etwas Geduld – und das wiederholte Anwenden des KAW auf den Kern des Konflikts. Die unmittelbaren Auswirkungen einer erfolgreichen Konfliktauflösung zeigen sich darin, dass das Endloskreisen der Gedanken aufhört und der Kopf wieder klar wird. Spätestens im Praxistest zeigt sich dann, dass sich das eigene Verhalten in der entsprechenden Situation durch die Introvision von selbst verändert hat: wir verhalten uns entspannter, gelassener und damit auch effektiver als zuvor.

6

Zusammenfassung

»Etwas verändern, indem man Problemen gelassen ins Auge schaut.«

Wenn es Probleme gibt, hilft es, ihnen gelassen ins Auge zu schauen. Und wenn das schwerfällt, so gibt es dafür die Introvision. Introvision bedeutet, bei einem inneren Konflikt bis auf den Kern »hinunter zu schauen« und diesen Kern ein Weilchen lang oder auch länger konstatierend wahrzunehmen. Genauer gesagt: konstant aufmerksam konstatierend und weitgestellt wahrzunehmen (KAW). Ziel ist es, auf diese Weise die mit dem Kern oft automatisch verbundene Introferenz und die damit gekoppelte erhöhte Erregung, Anspannung und Hemmung zu verringern und schließlich dauerhaft zu löschen. Damit wird der Blick auf das, was ist, wieder klar – und die Chance, eine sachliche Lösung zu finden, verbessert sich deutlich.

Ziel der Introvision ist es also, (wieder) gelassen zu werden – und zwar auch und insbesondere in Situationen, in denen uns das schwerfällt.

Die Introvision ist das Ergebnis eines jahrzehntelangen Langzeitforschungsprogramms zur Entstehung und Auflösung innerer Konflikte unter der Leitung von A.C. Wagner entwickelt, theoretisch begründet, praktisch erprobt und empirisch untersucht (mehr dazu s. Wagner, 2011).

Grundlage ist die Theorie der mentalen Introferenz, die im Rahmen dieses Forschungsprojekt entwickelt wurde (▶ Kap. 2). Diese Theorie beruht auf der Annahme, dass innere Konflikte durch das Hineintragen von falschen, unstimmigen, verzerrten, verdrehten Kognitionen (Gedanken, Bilder, Gefühle, Absichten) in die eigenen mentalen Prozesse entstehen. Das hineintragende (introferente) Eingreifen beginnt damit, dass vorhandene, von der eigenen epistemischen Informationsverarbeitung als gültig (richtig, zutreffend) erkannten Kognitionen durch falsche, »hineingetragene« Kognitionen überschrieben werden. Überschreiben heißt, dass die hineinzutragenden Kognitionen mit erhöhter Erregung und Anspannung gekoppelt werden; auf diese Weise werden sie den eigenen mentalen Prozessen aufgedrängt, aufgezwungen, imperiert – der Beginn von Affekten und Anspannung. Gleichzeitig werden die unterliegenden gültigen Kognitionen ausgeblendet und blockiert – der Beginn von Hemmungen und mentalen Blockaden. Um negative Folgen dieses Eingreifens abzumildern, kann erneut an derselben Stelle in die eigene Informationsverarbeitung eingegriffen werden, etwa um sich dann eine gültige Kognition (z. B. eine Sollvorstellung) zu imperieren und auf diese Weise zu versuchen, diese gegen innere Blockaden und Widerstände durchzusetzen. Mit zunehmender Wiederholung läuft dieses mehrfache Eingreifen schließlich automatisch ab; in diesem Fall geht es darum, mit Hilfe der Introvision diesen physiologischen Automatismus als *Automatismus* zu löschen. Auf diese Weise wird es wieder möglich, in der entsprechenden Situation gelassen (PT-Stufe 1–4) zu handeln.

6 Zusammenfassung

Ziel der Introvision ist es, dieses hineintragende Eingreifen zu beenden – und so den betreffenden Konflikt von der Wurzel her aufzulösen. Der erste Schritt besteht darin zu lernen, nicht (erneut) einzugreifen: die Methode des Konstatierenden Aufmerksamen Wahrnehmens. Was das bedeutet und wie das praktisch geht, wird anhand von vier Übungen veranschaulicht, die im Rahmen des Langzeitprojekts entwickelt und vielfach erprobt wurden (▶ Kap. 3).

Der zweite Schritt besteht darin zu lernen, den Kern des Konflikts zu finden. Dies geschieht bei der Introvision mit Hilfe der Imperativanalyse, die auf der Grundlage einer Vielzahl von empirischen Untersuchungen entwickelt wurde (▶ Kap. 4). Ausgangspunkt dafür ist das konstatierende Wahrnehmen dessen, was einem in der entsprechenden Situation als erstes automatisch durch den Kopf geht (die Methode des Nachträglichen Lauten Denkens). Leitfaden sind dabei die imperierten Sollvorstellungen, die in mehreren Schritten bis zu ihrem Kern zurückverfolgt werden. Die Durchführung einer einzelnen Introvision (▶ Kap. 5) umfasst vier Phasen: (1) In den Modus des Konstatierens hineinkommen, (2) den Konflikt als Ganzes konstatierend wahrnehmen und mit Hilfe der Imperativanalyse den Kern finden, (3) die Kernkognition ein Weilchen lang weitgestellt konstant und konstatierend betrachten und (4) dies dann allmählich ausklingen lassen. Bei gewohnheitsmäßigem und automatischem Eingreifen ist es erforderlich, dieses konstatierende Wahrnehmen (KAW) des Kerns wiederholt durchzuführen.

Ist der Konflikt erfolgreich aufgelöst, so hört das Endloskreisen der Gedanken auf, der Blick weitet sich wieder und das eigene Verhalten ändert sich spontan. Man ist wieder in der Lage, gelassen und entspannt den Problemen des Alltags ins Auge zu schauen – und eine Lösung zu finden.

Im Vordergrund dieses Buchs stand die Frage, was es bedeutet, Problemen gelassen ins Auge zu schauen. Darüber hinaus lässt sich Introvision auch in vielen anderen Situationen anwenden, in denen es darum geht, Introferenz zu verringern und wieder einen klaren Blick zu bekommen: beim Lernen, beim Betrachten des Bildes eines geliebten Menschen, beim Genießen eines Essens, bei der Freude am Laufen.

Introvision ist eine gute Voraussetzung dafür, häufiger Flow zu erleben, gelassen und entspannt die glücklichen Momente des Alltags zu genießen und Probleme souverän zu meistern.

Anhang: Das Gelassenheitsbarometer von Renate Kosuch

Der im Folgenden abgedruckte unspezifische Fragebogen zur Selbstreflexion von situativer Gelassenheit wurde von der Zweitautorin Renate Kosuch im Rahmen eines Forschungsprojekts entwickelt[1]. Sprachlich ergänzt für den jeweils erwünschen Kontext, kann dieser Fragebogen als Gelassenheitsbarometer sowohl in der Forschung als auch in der Praxis zur Anwendung kommen. Für die Selbstanwendung wird empfohlen, das Gelassenheitsbarometer auf konkrete, wiederkehrende Situationen zuzuschneiden und die Anwendung mit Reflexionsgesprächen zu flankieren.

Das Gelassenheitsbarometer – Ein Instrument zur Selbstreflexion der mentalen Selbstregulation – anzupassen an den jeweiligen Kontext, in dem Gelassenheit abhandenkommen kann
Sensibilisierung für mentale Prozesse, die sich auf das Ausmaß der eigenen Gelassenheit auswirken

Dieses Selbstreflexionsinstrument bietet Ihnen die Möglichkeit, sich einen Eindruck über den eigenen Umgang mit den momentanen Gegebenheiten zu verschaffen und über die Art und Weise einer eher gelassenen bis hin zu einer wenig gelassenen Erlebensweise. Denn ein erster Schritt hin zur besseren Bewahrung von Gelassenheit ist, bei sich selbst zu erkennen, wann und auf welche Weise Sie in die eigenen Gedanken und Gefühle eingreifen, Ihre Gedanken sich im Kreis drehen und das Ausmaß der psychischen Anspannung ansteigt.

Häufiger eingesetzt, können Sie zudem Ihren Blick darauf richten, ob sich durch die Anwendung des »Gelassenheitsbarometers« etwas verändert und Sie sensibler werden für die Art und Weise Ihrer mentalen Selbstregulation – nämlich wie Sie Gegebenheiten erleben und weiterverarbeiten. Sie können dann überlegen, was Sie selbst verändern können und welche Unterstützung Sie brauchen, um in den genannten Situationen gelassener zu werden.

Bevor Sie damit beginnen, sich mit dem »Gelassenheitsbarometer« zu beschäftigen, hier noch einige Hinweise zur Anwendung:

Gelassenheit – was ist das?
Gelassenheit ist eine Befindlichkeit, die mit innerer Ruhe, Besonnenheit oder Bedachtsamkeit und mit Weitsicht verbunden ist. Eine gelassene Haltung hilft, die eigenen Kräfte nicht in unabwendbare Gegebenheiten zu verausgaben. Es bedeutet, die Situation, in der wir uns befinden, so sein zu lassen, wie sie ist und diese Kräfte auf den Umgang mit »dem, was ist« zu verwenden.

Was passiert, wenn Gelassenheit abhandenkommt?

Stress, Ärger und das Gefühl, einer Situation hilflos ausgeliefert zu sein, sind Beispiele für Nicht-Gelassenheit und damit verbundene innere Konflikte. Auch der Versuch, solche Empfindungen nicht aufkommen zu lassen und sich stattdessen »zusammenzureißen«, führt zum Verlust von Gelassenheit und zu inneren Blockaden. Beides kann eine Art Tunnelblick auslösen, sodass der Handlungsspielraum eingeschränkt wird und Lösungsmöglichkeiten nicht erkannt werden.

Der Versuch, Dinge gedanklich so zu machen, wie sie unserer Vorstellung nach sein sollen, kollidiert mit den tatsächlichen Abläufen und Gegebenheiten. Solche Sollvorstellung zeigen sich in Selbstanweisungen wie »...ich muss unbedingt!« oder »Auf keinen Fall darf...!« Diese sogenannten Imperierungen erzeugen Anspannung.

Einschätzungen der Art und Weise des inneren Erlebens mit dem Barometer

Entscheiden Sie zunächst, wie oft oder woraufhin Sie die Selbsteinschätzung anwenden – einmal am Tag bis hin zu einmal in der Woche oder ganz gezielt in der Nachbereitung einer herausfordernden Situation.

Jede Zeile stellt eine in sich geschlossene Einheit dar, die aus zwei gegensätzlichen Aussagen besteht. Bitte lesen Sie sowohl die Aussage auf der linken, wie auch auf der rechten Seite des Barometers aufmerksam durch und beziehen Sie diese Aussagen auf den von Ihnen gewählten Zeitraum oder Anlass. Ordnen Sie sich dann einer Aussage so zu, wie es ihrer Selbstwahrnehmung am nächsten kommt, indem Sie einen Punkt ankreuzen. Sollte keine der beiden Aussagen mehr oder weniger zutreffen, kreuzen Sie bitte »trifft nicht zu« in der Mitte an. In jeder Zeile steht somit am Ende ein Kreuz.

Zum Schluss verbinden Sie mit einem Stift alle Kreuze miteinander, wobei Sie die »trifft nicht zu«-Kreuze auslassen. Wie dies aussehen soll und wie das Ergebnis zustande kommt, wird am Ende des »Gelassenheitsbarometers« genauer erklärt.

© Renate Kosuch, TH Köln, 2019

Das Gelassenheitsbarometer (bitte ankreuzen)

Verbinden Sie die angekreuzten Punkte, wobei Sie die Kreuze in der Mitte (»trifft nicht zu«) dabei auslassen. So entsteht auf beiden Seiten ein Bild, anhand dessen Sie das Ausmaß der Gelassenheit als Momentaufnahme betrachten können.

Anhang: Das Gelassenheitsbarometer von Renate Kosuch

+	ja, genau	eher ja	trifft nicht zu	eher ja	ja, genau	**−**
Selbstkommunikation						
Als ich etwas verändern wollte, habe ich mich **nicht** unter Druck gesetzt.	O	O	O	O	O	Als ich etwas verändern wollte, habe ich mich **stark** unter Druck gesetzt.
Als mich ___ sehr angestrengt hat, konnte ich mir Zuspruch geben, ohne mich dabei unter Druck zu setzen („Du **wirst** es schaffen.").	O	O	O	O	O	Als mich ___ sehr angestrengt hat, konnte ich mir Zuspruch geben, habe mich dabei aber unter Druck gesetzt („Du **musst** es schaffen!").
Als ich mich über ___ aufgeregt habe, oder streng zu mir war, konnte ich damit auch wieder aufhören und zu meiner Gelassenheit zurückfinden.	O	O	O	O	O	Als ich mich über ___ aufgeregt habe, oder streng zu mir war, konnte ich **nicht** damit aufhören - oder nur, indem ich mich gezwungen haben aufzuhören - das hat mich belastet.
Als ich über ___ nachgedacht habe, dann waren meine Gedanken so, dass ich die Dinge anschauen konnte, wie sie sind („Ja, so ist es.").	O	O	O	O	O	Als ich über ___ nachgedacht habe, dann habe ich dies bewertet und mir eine andere Realität gewünscht („Es darf auf keinen Fall sein!", „Es muss unbedingt sein!").
Selbstwahrnehmung						
Ich konnte zeitnah wahrnehmen, dass ich belastet, erschöpft oder angespannt war, mich aufgeregt habe, oder gestresst war.	O	O	O	O	O	Ich konnte erst viel später oder im Nachhinein wahrnehmen, dass ich belastet, erschöpft oder angespannt war, mich aufgeregt habe, oder gestresst war.
Ich konnte mir erlauben zu bemerken, dass ich (Unterstützung/eine Pause) benötige.	O	O	O	O	O	Ich konnte mir **nicht** erlauben zu bemerken, dass ich (Unterstützung/eine Pause) benötige.
Ich konnte die Grenzen meiner Kraft wahrnehmen.	O	O	O	O	O	Ich bin über die Grenzen meiner Kraft gegangen, weil ich sie nicht wahrgenommen habe.
Ich konnte bemerken, wenn ich nicht gelassen war, z.B. mich innerlich zusammengerissen habe oder mich über Dinge/Menschen aufgeregt habe.	O	O	O	O	O	Ich konnte **nicht** bemerken, wenn ich nicht gelassen war. Das Nicht-Gelassen-Sein lief eher automatisch ab.

© Renate Kosuch, TH Köln 2019

Anhang: Das Gelassenheitsbarometer von Renate Kosuch

+	ja, genau	eher ja	trifft nicht zu	eher ja	ja, genau	**−**
Umgang mit den eigenen Gefühlen und Stimmungen						
Dinge, die mir Sorgen machen, konnte ich für den Moment loslassen.	O	O	O	O	O	Dinge, die mir Sorgen machen, drängten sich innerlich auf, meine Gedanken drehten sich im Kreise.
Als ich nicht gelassen war, konnte ich das erst mal so annehmen - dann ging es mir schon besser.	O	O	O	O	O	Als ich nicht gelassen war und das bemerkt habe, hat mich das zusätzlich bedrückt.
Als sich unangenehme Gedanken und Sorgen aufdrängten, habe ich bemerkt, dass die ständige Beschäftigung damit nicht zu einer Veränderung / Lösung führt.	O	O	O	O	O	Als sich unangenehme Gedanken und Sorgen aufdrängten, musste ich immer weiter darüber nachdenken und machte mir große Sorgen.
Ich konnte es bemerken, wenn ich mich__ (Unangenehmes)__ fühlte und konnte das an mir akzeptieren.	O	O	O	O	O	Ich konnte es bemerken, wenn ich mich__ (Unangenehmes)__ fühlte und konnte das nicht gut aushalten.
Umgang mit den Grenzen der Beeinflussbarkeit von (Nicht-) Veränderung						
Ich konnte annehmen, dass ___ so ist, wie er/sie/es ist.	O	O	O	O	O	Ich konnte **nicht** annehmen, dass ___ so ist, wie er/ sie/es ist.
Ich konnte den Gedanken aushalten, dass sich _____ (negativ verändern kann/sich nicht verändern lässt).	O	O	O	O	O	Ich konnte den Gedanken **nicht** aushalten, dass sich _____ (negativ verändern kann/sich nicht verändern lässt).
Handlungsspielraum						
Ich konnte mir Hilfe holen, und es war auch in Ordnung so.	O	O	O	O	O	Ich konnte mir Hilfe holen, aber es hat mich zusätzlich gestresst.
(schwierige Situation) Ich konnte in solchen Situationen geduldig bleiben.	O	O	O	O	O	(schwierige Situation) Ich konnte in solchen Situationen **nicht** geduldig bleiben.
In der schwierigen Situation mit ___ konnte ich mich so verhalten, wie ich es passend und gelungen finde.	O	O	O	O	O	In der schwierigen Situation mit ___ konnte ich mich **nicht** so verhalten, wie ich es passend und gelungen finde.
Mir fiel in der schwierigen Situation mit ___ ein, wie ich gut darauf reagieren kann.	O	O	O	O	O	Mir fiel in der schwierigen Situation mit ___ erst im Nachhinein oder gar nicht ein, wie ich besser hätte reagieren könnte.

© Renate Kosuch, TH Köln 2019

Anhang: Das Gelassenheitsbarometer von Renate Kosuch

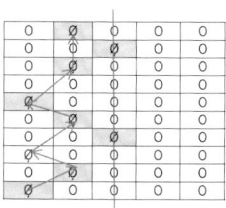

hohes Ausmaß an Gelassenheit
(= Linie fast nur links)

großer Bedarf an Förderung von Gelassenheit
(= Linie fast nur rechts)

Abb. A1: Beispiel 1

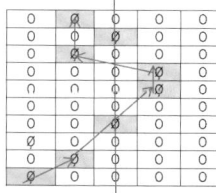 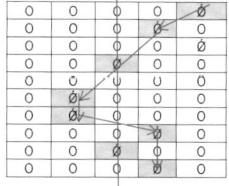

eher gelassen
(= Linie mehr links als rechts)

kaum gelassen
(= Linie mehr rechts als links)

Abb. A2: Beispiel 2

Anmerkungen zu den einzelnen Kapiteln

Vorwort

1 Kosuch 1994
2 Kosuch, 2006, 2008
3 Kosuch, 2015
4 Wagner, 2019
5 (Transregio-SFB 654, Teilprojekt A9), in enger Kooperation mit Prof. Dr. Klaus Junghanns; verantwortlich für die Durchführung der Studie ist Kamala Klebanova
6 Kosuch, 2018; Kosuch, 2020; Kosuch & Rosch, 2019
7 Kabst, Engel & Kosuch, 2019
8 Kosuch, R. (2019). Das Gelassenheitsbarometer: Entwicklung eines Fragebogens zur Selbstreflexion situativer Gelassenheit in vielfältigen Kontexten.

1 Problemen gelassen ins Auge schauen: Worum es in diesem Buch geht

Unveröffentlichtes Manuskript. Zugriff am 18.11.2019 unter https://th-koeln.sciebo.de/s/1uVlcbub3MwRU6r

9 Alle Autorinnen haben in diesem Rahmen einen Vortrag gehalten – der von Renate Kosuch ist online abrufbar (vgl. Kosuch, 2017).

1 Problemen gelassen ins Auge schauen: Worum es in diesem Buch geht

1 Grimm & Grimm, 1883
2 Kambartel, 1989
3 Herkunft unklar, erstmals wahrscheinlich Wilhelm von Oranien; in jüngerer Verbreitung von Reinhold Niebuhr in den 1940er Jahren.
4 An dieser Stelle ist es hilfreich, genauer zwischen Emotionen, Gefühlen und Affekten zu unterscheiden (vgl. dazu Wagner, 2011, S. 283–285). Kurz gesagt: Die Basis von Emotionen sind Gefühle. Ein Gefühl (z. B. Abneigung) kann durch Hinzufügen von Erregung und Anspannung sozusagen aufgeblasen werden – dann spricht man von Affekten. (Ebenso gut kann ein Gefühl, z. B. der Zuneigung, auch unterdrückt und gehemmt werden – bis hin zur Gefühlskälte.) Ziel der Introvision ist es zum einen, diese automatische affektive Aufladung (bzw. die Hemmung) wieder zu löschen; dadurch wird aus einem Affekt (oder der Gefühlslosigkeit) wieder ein Gefühl. Zum zweiten geht es bei der Introvision darum, möglicherweise unter dieser Abneigung liegende tiefere Gefühle, z. B. eine unerwiderte Zuneigung, wieder auszugraben und konstatierend wahrzunehmen.
5 Wagner, 2011, S. 57
6 Psychotonusstufe 4
7 in letzter Überarbeitung 2015
8 Wagner, 2015, S. 100
9 Albrecht, 1990, S. 223
10 Feldenkrais, 1978, S. 55
11 Tart, 1994, S. 52–53
12 Frambach, 2001
13 nach Jacobsen, 2002
14 Lennon/McCartney, 1969; zitiert nach Lewinsohn, 1989
15 Wagner et al., 1984

16 In Anlehnung an die Methode des Lauten Denkens aus der Denkpsychologie. Die Methode des NLD (englisch: stimulated recall) wird seither in verschiedenen Varianten in einer Vielzahl wissenschaftlicher Studien verwendet.
17 Wagner et al., 1984
18 Wagner et al., 1988
19 Der Begriff der Endlosschleife wird hier *nicht* als Bezeichnung für die zeitliche Dauer, sondern als Bezeichnung für eine bestimmte Qualität der Konflikte (z. B. bei Paradoxien oder bei Endlosschleifen in der Informationsverarbeitung, vgl. Hofstadter, 1985) verwendet.
20 Für diese Vermutung sprachen zwei Gründe. Empirisch gesehen war uns bei der Analyse der Daten aufgefallen, dass solche imperativischen Sollvorstellungen in hohem Ausmaß mit dem Auftreten eines Konflikts korrelierten. Und theoretisch ließ das Auftreten von Endlosschleifen vermuten, dass die Ursache dafür eine in subjektiven Imperativen enthaltene (latente) Paradoxie ist (mehr dazu s. Wagner, 1995). Auch wenn vieles dafürspricht, ließ sich diese Hypothese nicht endgültig abklären.
21 Literaturangaben dazu finden sich in Wagner, 2011, S. 42–43 sowie unter www.introvision.uni-hamburg.de.
22 Wagner & Iwers-Stelljes, 1999
23 Oerding, 2015
24 Iwers & Löbke, 2019
25 Kosuch, 1994
26 Die genauen Literaturangaben zu diesen und den weiteren, im Folgenden genannten Studien finden sich in Wagner, 2011, S. 45 ff.
27 Iwers et al., 2014
28 Klebanova, in Vorb.
29 Empl, Spille & Löser, 2017
30 Gelassen – nicht alleine lassen. Begleitforschung zum Modellprojekt auf dem Hintergrund psychologischer Gelassenheitsforschung (Introvision) und unter Berücksichtigung rechtlicher und sozialarbeitsbezogener Perspektiven. Zugriff am 03.03.2020 unter https://www.th-koeln.de/angewandte-sozialwissenschaften/gelassen--nicht-alleine-lassen_67129.php
31 Buth, 2012; Benthien, 2010; Pereira Guedes, 2011; Wagner, 2012
32 Grawe, 1998
33 Iwers-Stelljes, 2008
34 Eine ausführlichere Dokumentation findet sich in Wagner, 2011
35 Wagner, 2011
36 Wagner & Iwers-Stelljes, 1997
37 Kosuch, 1994

38 Insofern ist der Begriff der »Selbstintrovision«, ein »misnomer«, ein Pleonasmus (doppelt gemoppelt wie etwa wie ein »weißer Schimmel«), der hier nur zur Erläuterung eingeführt wurde und der aus Sicht der Erstverf. am besten sobald als möglich wieder aufgegeben werden sollte, um Verwirrungen zu vermeiden.
39 Dazu gehört inzwischen auch die Kognitive Verhaltenstherapie; man spricht mittlerweile von der dritten Welle, der »Achtsamkeitswelle«.
40 Mehr zu Gemeinsamkeiten und Unterschieden s. Wagner, 2011, S. 227–230

2 Was es ist, das im Zustand der Gelassenheit unterlassen wird: Die Theorie der mentalen Introferenz

1 Von dem mittelhochdeutschen Verb »gelâzen«, etwas unterlassend, erlassend, verlassend (Duden, 1989).
2 Bei diesem Knoten handelt es sich, aus Sicht der TSI, um einen Imperativverletzungskonflikt (▶ Kap. 4)
3 Wagner, 2008, 2011, 2016, 2019
4 »Somewhat surprisingly, there is very little consideration of serenity in all of psychology.«
5 Csikszentmihalyi, 1992
6 Hyperflow
7 Cicero, Gespräche in Tusculum, 5. Buch, 16; 1991, S. 218
8 passion vs. pathos
9 Ellis & Grieger, 1995
10 Powers, 1973
11 Lazarus & Folkman, 1984
12 mehr dazu s. Wagner, 2011, S. 149–153; s. auch Wagner, 2019
13 s. Die Zeit, 5. Mai 1978, nachgedruckt in Wagner, 2011, S. 17–19
14 1998, 2004
15 Miller et al., 1960
16 Wagner, 2019
17 LeDoux, 1998; siehe auch Debiec et al., 2006
18 Wagner, 2011, S. 50–52
19 mehr dazu s. Wagner, 2019
20 K.W., zitiert nach Wagner, 2011, S. 20 f.

Anmerkungen zu den einzelnen Kapiteln

21 Das Wort Kognition ist abgeleitet von dem lateinischen Wort cognitio. Cognitio bedeutet »das Kennenlernen« A) durch die Sinne und B) das geistige = das Erkennen, die Erkenntnis« (Georges, 1902, Sp. 445)
22 Betrachtet man Kognitionen als Informationen, so ist die Wahrnehmung eigener Gefühle (z. B. Trauer), Emotionen und körperlicher Empfindungen (z. B. Juckreize) ebenso eine Information für die mentale Selbstregulation wie die Wahrnehmung eines externen Gegenstands (z. B. eines Baumes).
23 aus: Wagner, 2011, S. 30
24 Was für den Inhalt der (zweiten) Notiz eigentlich irrelevant ist, aber hier dazu verwendet wird, diese entsprechend als eine »darüber zu legende« zu kennzeichnen.
25 Genau genommen werden die handlungsleitenden Kognitionen (»blue prints«) überschrieben.
26 Dörner, D. (1983). Lohhausen – Vom Umgang mit Unbestimmtheit und Komplexität. Bern: Huber
27 Kognitionen (vgl. die Konstruktivismusdebatte) sind mentale Repräsentationen der Welt, die diese Welt begrenzt erfassen – so wie Landkarten (Korzybski, 1950) die Landschaft, die sie abbilden, nur ungenau (viele Einzelheiten wie Häuser fehlen) und grundsätzlich leicht verzerrt (geodätische Krümmung) wiedergeben können. Andererseits kann man aus diesen konstruktivistischen Erkenntnissen nicht den Schluss ziehen, dass wir unser Abbild der Welt so konstruieren können, wie es uns gefällt – würden wir eine Landkarte zeichnen, bei der München an der Nordsee liegt, wäre das für norddeutsche Bayern-Fans vielleicht ein Traum – aber äußerst verwirrend und kontraproduktiv, wenn wir tatsächlich mit dem Auto nach München fahren wollen. Anders ausgedrückt: es mag schön sein, sich die Welt schön zu gucken – aber sehr hinderlich im Alltag (gekürzt aus: Wagner, 2011, S. 271–272). Ein Hauptziel des EPiS ist es deshalb, die Angemessenheit der jeweiligen mentalen Repräsentationen laufend zu überprüfen und etwaige Diskrepanzen soweit als möglich zu bereinigen.
28 Kognitionen sind mentale Repräsentationen von inneren oder äußeren Sachverhalten, die in unterschiedlichen Modalitäten enkodiert sein können: als Bilder, Gefühle, Töne, körperliche Empfindungen, abstrakte Gedanken etc. Epistemische Kognitionen sind intern gekennzeichnet (markiert) durch das Gefühl von »So ist es«.
29 Natürlich kann sich das EPiS dabei auch gelegentlich irren (Beispiel: Wahrnehmungstäuschungen).
30 Genauer: aus Sicht des epistemischen Systems des betreffenden Individuums gibt es keine Lösung (Handlung, Operate) zur Verringerung oder Aufhebung der Diskrepanz (»Da kann man halt nichts tun«).

31 Vgl. Wagner, 2011, S. 269-274
32 LeDoux, 1998
33 Hier ist die Introvision besonders wichtig, weil sie dazu geeignet ist, Automatismen dieser Art dauerhaft aus dem Langzeitgedächtnis zu löschen.
34 Vgl. dazu Powers, 1973
35 Hier wird ein weiter Wahrnehmungsbegriff zugrunde gelegt: Wahrgenommen werden die mentalen Repräsentationen von äußeren Sinnesreizen ebenso wie von inneren Prozessen (Gefühle, Gedanken, körperliche Empfindungen etc.)
36 Herwig et al., 2010
37 LeDoux, 1998, Debiec et al., 2006,
38 excitatoric and inhibitoric processes
39 Debiec et al., 2006
40 Wagner, 2011, S. 50-52
41 Wahrnehmungen, Gefühle, Gedanken, Erinnerungen etc.

3 »Gelassen schauen«: Das Konstatierende Aufmerksame Wahrnehmen

1 Einige Passagen in diesem Kapitel sind wörtlich übernommen aus Kosuch, 2015 (mit freundlicher Genehmigung des Verlags Friedrich Pustet).
2 Wagner, 2011
3 Freud, 1940
4 Carl Rogers, 1983
5 Kabat-Zinn, 1998
6 Kabat-Zinn, 1998
7 dazu gehört auch die Tradition der »one-pointed awareness«
8 Duden, 2014
9 Dieser Begriff ist leider etwas unscharf; gemeint ist damit eine nicht-eingreifende, nicht-imperativisch-aufwertende bzw. -abwertende Aufmerksamkeit. Es ist nicht gemeint, dass jegliche Wertung (im Sinne von Vergleich: A ist größer als B) dabei aufhört, sondern lediglich, dass nicht imperativisch eingegriffen wird in Bezug auf das, was im Fokus der Aufmerksamkeit steht.
10 Genauer gesagt: »so sind diese Kognitionen« (mentalen Repräsentationen der Welt), »so sind die mentalen Prozesse« im Fokus des Bewusstseins.

Anmerkungen zu den einzelnen Kapiteln

11 Gemeint ist damit das Grundprinzip der herkömmlichen Glühlampe und *nicht* die neue Technik der LED-Lampen.
12 Wagner, 2011, S. 105
13 »Wenn die Versunkenheit zum Gegenstand der Innenschau wird, ist sie eine allumfassende Einheit, deren Einzelelemente, nämlich die absolute Leere, die absolute Ruhe und die Zeitlosigkeit, nicht mehr zu unterscheiden sind« (Albrecht, 1990, S. 223).
14 Wagner, 2011, S. 112
15 Ohne zu starren, leichte Augenbewegungen (Sakkaden) sind normal und gehören dazu.
16 Alexander, 1976
17 mehr dazu vgl. Wagner, 2011, S. 121–122
18 Ausnahme: wenn dieser Zeh sehr stark schmerzt oder entzündet ist, dann lieber für den Anfang eine andere Stelle nehmen. Mit entsprechender Übung im Weitstellen ist es später möglich und sinnvoll, diese schmerzende Stelle mit in das KAW einzubeziehen.
19 Wagner, 2011, S. 125
20 Wagner, 2011, S. 125
21 Kounin, 2006
22 nach Gendlin, 1981
23 Wagner, 2011, S. 132
24 Erleichterung deshalb, weil konstatieren bedeutet, dass das gewohnheitsmäßige Eingreifen (wegschieben, überschreiben) in Bezug auf diese Kognition, dieses Gefühl, dieses Bild aufhört.
25 LeDoux, 1998
26 Herrigel, 2003
27 Wagner, 2011, S. 126

4 »Das Auge des Problems«: Den Kern des Konflikts finden

1 Wagner, 2011, S. 159
2 Um es einprägsamer zu machen, wurden die Aspekte so entlang der Anfangsbuchstaben sortiert, dass sie zusammengenommen den Begriff NAGT ergeben.

3 Dieses Endloskreisen ist das Resultat des andauernden Festhaltens an einer Sollvorstellung, die (subjektiv) uneinhaltbar ist (unauflösbare Diskrepanz, ▶ Kap. 2). Normalerweise beendet das epistemische System dieses Endloskreisen durch die (momentane) Aufgabe bzw. Deaktivierung dieser Sollvorstellung.
4 zit. aus Kosuch, 1994, S. 112
5 Für das vollständige imperativtheoretische Textanalyseverfahren ITA siehe auch Wagner, 2011, S. 163 f.
6 Wagner, 2011, S. 50
7 Imperativverletzungskonflikte, wie sie sich bei Frauen in naturwissenschaftlich-technischen Berufen in der Studie von Kosuch, 1994, zeigten.
8 Konfliktarten nach Wagner, 2011
9 Wagner, Uttendorfer-Marek & Weidle, 1977; Weidle & Wagner, 1982
10 Die Entdeckung und Kategorisierung der Konfliktumgehungsstrategien beruht auf einer Vielzahl von empirischen Untersuchungen im Rahmen unseres Langzeitforschungsprogramms (▶ Kap. 1.3).
11 Das »Kategoriensystem zur Erfassung von Konfliktumgehungsstrategien« (Wagner, 2011, S. 189) liegt dieser Tabelle zugrunde. Um es einpragsamer zu machen, wurden die Kategorien so entlang der Anfangsbuchstaben sortiert, dass sie zusammengenommen den Begriff ENTGEHN ergeben.
12 Zu den Konfliktkernen vgl. Wagner, 2011, S. 180–182
13 Kosuch, 1994, S. 251
14 Kosuch, 1994, S. 204

5 »Problemen gelassen ins Auge schauen«: Die Durchführung der Introvision zur Auflösung innerer Konflikte

1 Zahlreiche weitere Praxisbeispiele finden sich in Wagner (2011, ▶ Kap. 5 und ▶ Kap. 6).
2 So kann beispielsweise die Verwechslung von KAW mit sich Hineinsteigern zur Eskalation eines Konflikts führen, und die Verwechslung mit Selbstsuggestion zu erneutem Überschreiben statt zur Auflösung des Konflikts.
3 Kurse zur Einführung in die Introvision werden an der Universität Hamburg angeboten. Nähere Information: www.introvision.uni-hamburg.de

4 Pereira Guedes, 2011
5 Benthien, 2010
6 Buth, 2012
7 Oerding, 2015; Wagner et al., 2012; Iwers-Stelljes et al. (in rev.)
8 Ciskzsnetmihalyi, 1992
9 Grawe, 1998
10 Rogers, 1983
11 Weitere Beispiele für Konfliktkerne s. Wagner, 2011, S. 180–184.
12 Vgl. dazu Kapitel 2: ein Konflikt entsteht bereits mit dem ersten introferenten Eingreifen an einer bestimmten Stelle; s. auch Wagner (2011).
13 aus: Wagner, 2011, S. 156
14 Wagner, 2011
15 Die »gating theory« des Schmerzes
16 Pereira Guedes, 2011
17 Die Hypothese liegt nahe, dass der Grad der Automatisierung u. a. davon abhängt, wie oft und wie lange der jeweilige Imperativ aktiviert wird.
18 Zusammenfassend gekürzt aus Wagner, 2011, S. 216
19 Pereira Guedes, 2011

Anhang: Das Gelassenheitsbarometer von Renate Kosuch

1 © Renate Kosuch, TH Köln 2019

Literatur

Literaturverzeichnis

Albrecht, C. (1990). *Psychologie des mystischen Bewußtseins* (2. Aufl., unveränderter Nachdruck der 1951 im Verlage Carl Schünemann, Bremen, erschienenen Ausgabe). Mainz: Matthias-Grünewald.

Alexander, G. (1976). *Eutonie. Ein Weg der körperlichen Selbsterfahrung.* München: Kösel.

Bandura, A. (1990). Self-Regulation of Motivation Through Anticipatory and Self-Reactive Mechanisms. In R. A. Dienstbier (Hrsg.), *Perspectives on Motivation, Nebraska Symposium on Motivation 1990* (S. 69–164). Lincoln: University of Nebraska Press.

Benthien, O. (2010). *Stressreduktion im Leistungssport durch die pädagogisch-psychologische Methode der Introvision: eine theoretische und empirische Untersuchung am Beispiel des Segelsports* (Dissertation, Universität Hamburg). Verfügbar unter: http://ediss.sub.uni-hamburg.de/volltexte/2011/5197/pdf/Dissertation_Benthien.pdf.

Birbaumer, N. & Schmidt, R. F. (2006). *Biologische Psychologie* (6., vollst. überarb. und erg. Aufl.). Heidelberg: Springer.

Brentano, F. v. (1874/1973). *Psychologie vom empirischen Standpunkt*, Bd. 1. Hamburg: Meiner.

Buth, B. (2012). *Introvision als Coachingmethode für Tinnitusbetroffene – eine empirische Studie.* Heidelberg: Springer VS.

Cicero (1991). *Gespräche in Tusculum* (Übers. und mit einer Einf. u. Erl. versehen von O. Gigon). München: Deutscher Taschenbuch Verlag.

Csikszentmihalyi, M. (1992). *FLOW: das Geheimnis des Glücks* (A. Charpentier, Übers.). Stuttgart: Klett-Cotta. (Original erschienen 1990: Flow – the psychology of optimal experience)

Debiec, J., Doyère, V., Nader, K. & LeDoux, J. E. (2006). Directly reactivated, but not indirectly reactivated, memories undergo reconsolidation in the amygdala [Electronic Version]. *PNAS, 103,* 3428–3433.

Duden (2014). *Das Herkunftswörterbuch. Etymologie der deutschen Sprache* (5., neu bearb. Aufl.). Berlin, Mannheim, Zürich: Dudenverlag.

Literatur

Feldenkrais, M. (1994). *Der Weg zum reifen Selbst*. Paderborn: Junfermann.
Frambach, L. (2001). Schöpferische Indifferenz: Die Philosophie von Salomo Friedlaender. In R. Fuhr, M. Sreckovic & M. Gremmler-Fuhr (Hrsg.), *Handbuch der Gestalttherapie* (S. 295–308). Göttingen: Hogrefe.
Freud, S. (1940/1975). Die psychoanalytische Technik (aus: Abriß der Psychoanalyse). In ders., *Schriften zur Behandlungstechnik.* Studienausgabe Ergänzungsband (S. 407–424). Frankfurt/Main: Fischer.
Gendlin, E. T. (1981). *Focusing. Technik der Selbsthilfe bei persönlichen Problemen* (K. Schoch, Übers.). Salzburg: O. Müller. (Original erschienen 1978: Focusing)
Georges, K. E. (1902). *Kleines lateinisch-deutsches Handwörterbuch* (8., verb. und vermehrte Aufl. von Heinrich Georges). Hannover, Leipzig: Hahnsche Buchhandlung.
Grawe, K. (1998). *Psychologische Therapie*. Göttingen: Hogrefe.
Grimm, J. & Grimm, W. (1883). *Deutsches Wörterbuch*. Abgerufen von http://woerterbuchnetz.de/DWB/?sigle=DWB&mode=Vernetzung&lemid=GG06300 am 06.08.2015.
Hanffstengel, U. v. (1998). *Innere Konflikte bei Lehrkräften im Gruppenunterricht* (Dissertation, Universität Nürnberg-Erlangen).
Herrigel, E. (2003). *Zen in der Kunst des Bogenschießens* (43. Aufl.). Bern: O. W. Barth.
Herwig, U., Kaffenberger, T., Jäncke, L. & Brühl, A. (2010). Self-related awareness and emotion regulation. *Neuroimage, 50,* 734–741.
Hofstadter, D. R. (1985). *Gödel, Escher, Bach: ein endloses geflochtenes Band* (5. Aufl.). Stuttgart: Klett-Cotta.
Iwers-Stelljes, T. A. (2008). *Gelassen und handlungsfähig. Das Qualifizierungsmodul Integrative Introvisionsberatung (QUIB) zum Erwerb von Selbst- und Sozialkompetenz im Pädagogikstudium*. Bad Heilbrunn: Klinkhardt.
Iwers, T. A. & Löbke, R. (2019). Entwicklung von Reflexionsmodalitäten im inklusiven Unterricht am Beispiel der Begleitung schulpraktischer Studien im Lehramtsstudium an der Universität Hamburg. *Die Hochschullehre, 5,* http://www.hochschullehre.org/?cat=12
Iwers-Stelljes, Telse A.; Koch, Kai-Christian; Krauthausen, Günter; Löser, Sonja; Nolte, Marianne & Wagner, Angelika C. (2014). Introvision zur Reduktion von Mathematikangst bei Lehramtsstudierenden. Qualitative Ergebnisse einer Pilotstudie. *Zeitschrift Lernen und Lernstörungen, 1,* 7–38.
Iwers-Stelljes, T. A., Plaum, M., Oerding, J. & Wagner, A. C. (2012). Coaching in Introvision für weibliche Nachwuchsführungskräfte: Erste Ergebnisse. *Organisationsberatung - Supervision - Coaching, 19*(2), 191–203.
Jacobsen, E. (2002). *Entspannung als Therapie. Progressive Relaxation in Theorie und Praxis*. Stuttgart: Klett-Cotta.

Kabat-Zinn, J. (1998). *Im Alltag Ruhe finden: das umfassende praktische Meditationsprogramm* (T. Kierdorf, Übers). Freiburg: Herder. (Original erschienen 1994: Wherever you go, there you are).

Kabst, C., Engel, A. & Kosuch, R. (2019). *Gelassenheit in der häuslichen Versorgung von Menschen mit Demenz. Auswertung von sechs Explorationsworkshops mit pflegenden Angehörigen.* Unveröffentlichter Forschungsbericht gefördert durch die Stiftung Wohlfahrtspflege NRW, Köln: TH Köln.

Kabst, C. & Kosuch, R. (2019). Gelassenheit an der Schmerzgrenze – Einfühlung und Handlungsfähigkeit in herausfordernden Pflege- und Betreuungsarrangements. *Empathische Zeit, 4,* 64–67.

Kambartel, F. (1989). Über die Gelassenheit. Zum vernünftigen Umgang mit dem Unverfügbaren. In F. Kambartel (Hrsg.), *Philosophie der humanen Welt. Abhandlungen* (S. 90–99). Frankfurt/Main: Suhrkamp.

Klebanova, K. (in Vorb.). *KAW-Training und Introvision zur Stressreduktion in Prüfungssituationen und Verbesserung des deklarativen Gedächtnisses.* Eine empirische kontrollierte Interventionsstudie mit Hamburger Oberstufenschülerinnen

Korzybski, A. (1950). *Science and sanity: an introduction to non-aristotelian systems and general semantics* (3. Aufl.). Lakeville, Conn.: Intern. Non-aristotelian Library.

Kosuch, R. (1994). *Beruflicher Alltag in Naturwissenschaft und Ingenieurwesen: eine geschlechtsvergleichende Untersuchung des Konfliktlebens in einer Männerdomäne.* Weinheim: Deutscher Studienverlag.

Kosuch, R. (2015). Gelassener Neues ausprobieren: Konstatierendes Aufmerksames Wahrnehmen und seine Auswirkungen am Beispiel des Beratungslernens. In E. Möde (Hrsg.), *Spiritualität – Introvision – Heilung* (S. 123–140). Regensburg: Pustet-Verlag.

Kosuch, R. (2018) Qualität der Beziehungsgestaltung für die rechtliche Betreuung – Impulse aus (kommunikations)psychologischer Perspektive. *BtPrax - Betreuungsrechtliche Praxis, 1,* 18–22.

Kosuch, R. (2019). *Das Gelassenheitsbarometer: Entwicklung eines Fragebogens zur Selbstreflexion situativer Gelassenheit in vielfältigen Kontexten.* Unveröffentlichtes Manuskript, TH Köln. https://th-koeln.sciebo.de/s/1uVlcbub3MwRU6r (25.09.2019)

Kosuch, R. & Wagner, A. C. (2019). Die Praxis der Introvision: Förderung von Gelassenheit durch Auflösung innerer Konflikte. In Rietmann, S. & Deing, P. (Hrsg.), *Psychologie der Selbststeuerung.* (S. 129–156). Wiesbaden: Springer VS.

Kosuch, R. (2020). Unterstützte Entscheidungsfindung aus kommunikationspsychologischer Sicht. In: Bundesverband der Berufsbetreuer/innen e.V. (Hrsg.), *Jahrbuch des BdB 2020* (S. 90–107). Köln: balance buch + medien.

Literatur

Kosuch, R., Wilcke, N., Brosey, D., Kabst, Chr. & Engel, A. (2019). »*Gelassen - nicht alleine lassen*«. Projektdokumentation der wissenschaftlichen Begleitforschung. Köln: TH Köln. https://www.th-koeln.de/mam/downloads/deutsch/hochschule/fakultaeten/f01/gelassen_nicht_alleine_lassen_abschlussbericht-th_koeln.pdf (11.05.2020)

Kosuch, R. & Rosch, D. (2019). Qualität der Beziehungsgestaltung in der Mandatsführung im Erwachsenenschutz. *Zeitschrift für Kindes- und Erwachsenenschutz*, 6, 512–531.

Kounin, J. S. (2006). *Discipline and group management in classrooms*. New York, NY: Holt, Rinehart & Winston.

LeDoux, J. (1998). *Das Netz der Gefühle. Wie Emotionen entstehen* (F. Griese, Übers.). München, Wien: Hanser. (Original erschienen 1996: The emotional brain: the mysterious underpinnings of emotional life).

Lewisohn, M. (1989). *The Beatles Recording Sessions. The Official Abbey Road Studio Session Notes 1962-1970*. New York: Harmony Press.

Meuche, K. (1997). *Bewusstseinskonflikte von Mädchen im naturwissenschaftlichen Unterricht. Eine empirische Studie aus imperativtheoretischer Sicht*. Frankfurt/Main: Lang.

Oerding, J. (2014). *Mentale Blockaden weiblicher Führungsnachwuchskräfte in Situationen des beruflichen Aufstiegs. Empirische Erhebung und inhaltsspezifische Analyse*. Hamburg: Kovac.

Oranien, W. v. (1987). Gelassenheitsgebet. In C. Strich (Hrsg.), *Lobet den Herrn! Gebete grosser Dichter u. Denker* (S. 69). Zürich: Diogenes. Vgl. auch http://www.wlb-stuttgart.de/sammlungen/handschriften/bestand/nachlaesse-und-autographen/oetinger-archiv/gelassenheitsgebet/ (10.3.2015).

Pereira Guedes, N. (2011). *Dauerhafte Auflösung chronischer Nackenverspannungen durch Introvision: Eine empirische Untersuchung einer pädagogisch-psychologischen Intervention zur mentalen Selbstregulation* (Dissertation, Universität Hamburg). Verfügbar unter: http://ediss.sub.uni-hamburg.de/volltexte/2011/5035/pdf/Dissertation_Guedes.pdf (11.05.2020)

Platon (1957). Charmides. In ders. *Sämtliche Werke (Bd. 1)* (In der Übersetzung von F. Schleiermacher, herausgegeben von W. F. Otto, E. Grassi und G. Plamböck). Reinbek: Rowohlt.

Powers, W. T. (1973). *Behavior: the control of perception*. Chicago: Aldine.

Rogers, C. (1973). *Die klient-bezogene Gesprächstherapie*. München: Kindler.

Rogers, C. (1983). *Die klientenzentrierte Gesprächspsychotherapie Client-Centered Therapy*. Frankfurt/Main: Fischer. (Originalausgabe erschienen 1951 im Verlag Houghton Mifflin C., Boston.)

Schulz von Thun, F. (2013). *Miteinander reden, Band 3: Das »Innere Team« und situationsgerechte Kommunikation.* Reinbek: Rowohlt.

Wagner, A. C., Barz, M., Maier-Störmer, S., Uttendorfer-Marek, I. & Weidle, R. (1984). *Bewußtseinskonflikte im Schulalltag -Denkknoten bei Lehrern und Schülern erkennen und lösen.* Weinheim: Beltz.

Wagner, A. C., Uttendorfer-Marek, I. & Weidle, R. (1977). Die Analyse von Unterrichtsstrategien mit der Methode des »Nachträglichen Lauten Denkens« von Lehrern und Schülern zu ihrem unterrichtlichen Handeln. *Unterrichtswissenschaft, 3,* 244–250.

Wagner, A. C., Berckhan, B., Schenk, B. & Manikowsky, S. von (1988). Abbau von Angst vor öffentlichem Reden durch Auflösung subjektiver Handlungsimperative – eine empirische Untersuchung. In W. Schönpflug (Hrsg.), *Bericht über den 36. Kongreß der Deutschen Gesellschaft für Psychologie in Berlin 1988. Bd. 1. Kurzfassungen* (S. 205-206). Göttingen: Hogrefe.

Wagner, A. C. (1995). Zwischen Konflikt und Gelassenheit – Einige Hypothesen und Ergebnisse der Theorie subjektiver Imperative. In K. Pawlik (Hrsg.), *Bericht über den 39. Kongreß der Deutschen Gesellschaft für Psychologie in Hamburg 1994* (S. 736–741). Göttingen: Hogrefe.

Wagner, A.C. & Iwers-Stelljes (1997). *ITA – Das Imperativvtheoretische Textanalyse-Verfahren.* (Berichte aus dem Arbeitsbereich Pädagogische Psychologie). Hamburg: Universität, Fachbereich Erziehungswissendschaft

Wagner, A. C. & Iwers-Stelljes, T. (1999). Imperativisch aufgeladene Texte, innere Konflikte während des Lesens und deren Effekte auf das Behalten: Eine experimentelle Untersuchung zur Medienwirkungsforschung. In P. Maset (Hrsg.), *Pädagogische und psychologische Aspekte der Medienästhetik* (S. 151–175). Opladen: Leske & Budrich.

Wagner, A. C., Buth, B., Iwers-Stelljes, T., Schuldt, K. & Sylvester I. (2005). Verbesserung der Hörfähigkeit bei Schwerhörigkeit und Tinnitus durch Introvision als Methode der pädagogisch-psychologischen Intervention [Abstract]. In A. Helmes (Hrsg.), *Lebensstiländerungen in Prävention und Rehabilitation.* (S. 125). Lengerich: Pabst.

Wagner, A. C. (2007). Achtsamkeit zur Auflösung innerer Konflikte: die Methode der Introvision; In Belschner, W., Büssing, A., Piron, H.& Wienand-Kranz, D. (Hrsg.), *Achtsamkeit als Lebensform. Psychologie des Bewusstseins-Texte, Band 6.* (S. 175-199). Hamburg: LIT.

Wagner, A. C. (2011). *Gelassenheit durch Auflösung innerer Konflikte. Mentale Selbstregulation und Introvision* (2., vollst. überarb. und erw. Aufl.). Stuttgart: Kohlhammer.

Wagner, A. C., Iwers-Stelljes, T. A., Oerding, J. & Paulsen, I. (2012). Mentale Blockaden der Aufstiegskompetenz von Frauen. Konzeptionelle Grundlagen und Ergebnisse eines Forschungsprojekts. *Gruppendynamik und Organisationsberatung, 43*(3), 245–268.

Wagner, A. C. (2012). Gesundheitsförderung durch Introvision als Methode der mentalen Selbstregulation: eine zusammenfassende Übersicht über empirische Forschungsergebnisse. *Gruppendynamik und Organisationsberatung, 43*(4), 319–337.

Wagner, A. C. (2015). Introvision als Methode der Selbstregulation im Kontext von Spiritualität und Heilung. In E. Möde (Hrsg.), *Spiritualität – Introvision – Heilung* (S. 95–122). Regensburg: Pustet.

Wagner, A.C. (2019). Gelassenheit durch Auflösung innerer Konflikte: die Theorie der mentalen Introferenz als Grundlage der Introvision. In Rietmann, S.& Deing, P. (Hrsg.), *Psychologie der Selbststeuerung* (S. 63–90). Wiesbaden: Springer VS.

Weidle, R. & Wagner, A. C. (1982). Die Methode des Lauten Denkens. In G. L. Huber & H. Mandl (Hrsg.), *Verbale Daten. Eine Einführung in die Grundlagen und Methode der Erhebung und Auswertung* (S. 81–103). Weinheim: Beltz.

Literatur zum Weiterlesen

Benthien, O. (2010). *Stressreduktion im Leistungssport durch die pädagogisch-psychologische Methode der Introvision: eine theoretische und empirische Untersuchung am Beispiel des Segelsports* (Dissertation, Universität Hamburg). Verfügbar unter: http://ediss.sub.uni-hamburg.de/volltexte/2011/5197/pdf/Dissertation_Benthien.pdf (11.05.2020)

Buth, B. (2012). *Introvision als Coachingmethode für Tinnitusbetroffene – eine empirische Studie*. Heidelberg: Springer VS.

Buth, B. & Pereira Guedes, N. (2012). Nachhaltige Stressreduktion durch Introvision: theoretische Grundlagen und empirische Ergebnisse. *Gruppendynamik und Organisationsberatung*, 43(4), 339–356.

Empl, M.; Spille, P. & Löser, S. (2017): *Introvision bei Kopfschmerzen und Migräne. Die innovative Methode zur Selbsthilfe*. München: mvg Verlag.

Iwers-Stelljes, T. A. (2008). *Gelassen und handlungsfähig. Das Qualifizierungsmodul Integrative Introvisionsberatung (QUIB) zum Erwerb von Selbst- und Sozialkompetenz im Pädagogikstudium*. Bad Heilbrunn: Klinkhardt.

Iwers-Stelljes, T. A. (2012). Perspektivwechsel und introvisionsorientierte Fallanalysen als gesundheitsförderliches Element der Lehrerbildung. *Gruppendynamik und Organisationsberatung*, 43(4), 371–387.

Iwers-Stelljes, T. A. (2014). Innere Blockaden in Phasen von Entscheidung und Veränderung. *Zeitschrift für Gestaltpädagogik*, 1, 2–10.

Iwers-Stelljes, T. A., Koch, K.-C., Krauthausen, G., Löser, S., Nolte, M. & Wagner, A. C. (2014). Introvision zur Reduktion von Mathematikangst bei Lehramtsstudierenden. Qualitative Ergebnisse einer Pilotstudie. *Zeitschrift Lernen und Lernstörungen*, 3(1), 7–38.

Iwers-Stelljes, T. A. & Müller, A.-C. (2013). Introvision zur Auflösung von Lernblockaden und zur Förderung von Gelassenheit. *Zeitschrift für Integrative Lerntherapie*, 1, 4–9.

Iwers-Stelljes, T. A., Plaum, M., Oerding, J. & Wagner, A. C. (2012). Coaching in Introvision für weibliche Nachwuchsführungskräfte: Erste Ergebnisse. *Zeitschrift Organisationsberatung, Supervision, Coaching*, 19(2), 191–203.

Iwers-Stelljes, T. A. & Pollok, C. (2014). Lösung von mentalen Konflikten und Steigerung von Achtsamkeit in Entscheidungsprozessen. *Gruppendynamik und Organisationsberatung*, 3, 197–216.

Kosuch, R. (2006). Gender und Handlungskompetenz für Veränderungsprozesse. Zu den Herausforderungen bei der Vermittlung von Genderkompetenz in der Hochschullehre. In W. Ernst & U. Bohle (Hrsg.), *Transformationen von Geschlechterordnungen in Wissenschaft und anderen sozialen Institutionen* (S. 203–215). Münster: LIT.

Kosuch, R. (2008). Die Bedeutung von Introvision für die Gestaltung von Veränderungsprozessen in Gruppen und Organisationen. *Zeitschrift für Gruppendynamik und Organisationsberatung*, 39(2), 150–167.

Kosuch, R. (2015). Gelassener Neues ausprobieren: Konstatierendes Aufmerksames Wahrnehmen und seine Auswirkungen am Beispiel des Beratungslernens. In E. Möde (Hrsg.), *Spiritualität – Introvision – Heilung* (S. 123–140). Regensburg: Pustet-Verlag.

Kosuch, R. (2017). *Lebendige Gelassenheit ist ansteckend. Introvision – gestern, heute und morgen.* https://www.introvision.uni-hamburg.de/files/jubilaeumstagung-begruessungsvortrag-kosuch.pdf (10.06.2019)

Kosuch, R. & Wagner, A. C. (2019). Die Praxis der Introvision: Förderung von Gelassenheit durch Auflösung innerer Konflikte. In Rietmann, S. & Deing, P. (Hrsg.), *Psychologie der Selbststeuerung.* (S. 129–156). Wiesbaden: Springer VS.

Löser, S. (2006). *Empirische Studien zur Wirksamkeit von Introvision – Übersicht und Diskussion der Ergebnisse* (Diplomarbeit, Universität Hamburg). Verfügbar unter: https://docplayer.org/51497465-Empirische-studien-zur-wirksamkeit-von-introvision-uebersicht-und-diskussion-der-ergebnisse.html (11.05.2020)

Löser, S. (2012). Introvision in der Arbeitsvermittlung für Fallmanager und Arbeitslose. *Gruppendynamik und Organisationsberatung*, 43(4), 357–370.

Möde, E. (Hrsg.). (2015). *Spiritualität – Introvision – Heilung*. Regensburg: Pustet.

Oerding, J. (2014). *Mentale Blockaden weiblicher Führungsnachwuchskräfte in Situationen des beruflichen Aufstiegs. Empirische Erhebung und inhaltsspezifische Analyse*. Hamburg: Kovac.

Pereira Guedes, N. (2011). *Dauerhafte Auflösung chronischer Nackenverspannungen durch Introvision: Eine empirische Untersuchung einer pädagogisch-psychologischen Intervention zur mentalen Selbstregulation* (Dissertation, Universität Hamburg). Verfügbar unter: http://ediss.sub.uni-hamburg.de/volltexte/2011/5035/pdf/Dissertation_Guedes.pdf (11.05.2020)

Wagner, A. C. (2008). Gelassenheit und Handlungsfähigkeit durch Introvision als Methode der mentalen Selbstregulation – eine Einführung. *Gruppendynamik und Organisationsberatung*, 39(2), 135–149.

Wagner, A. C. (2011). *Gelassenheit durch Auflösung innerer Konflikte. Mentale Selbstregulation und Introvision* (2., vollst. überarb. und erw. Aufl.). Stuttgart: Kohlhammer.

Wagner, A. C. (2012). Gesundheitsförderung durch Introvision als Methode der mentalen Selbstregulation: eine zusammenfassende Übersicht über empirische Forschungsergebnisse. *Gruppendynamik und Organisationsberatung*, 43(4), 319–337.

Wagner, A. C. (2015). Introvision als Methode der Selbstregulation im Kontext von Spiritualität und Heilung. In E. Möde (Hrsg.), *Spiritualität – Introvision – Heilung* (S. 95–122). Regensburg: Pustet.

Wagner, A.C. (2019). Gelassenheit durch Auflösung innerer Konflikte: die Theorie der mentalen Introferenz als Grundlage der Introvision. In Rietmann, S.& Deing, P. (Hrsg.), *Psychologie der Selbststeuerung* (S. 63–90). Wiesbaden: Springer VS.

Wagner, A. C. & Iwers-Stelljes, T. A. (2005). Gelassener werden durch Introvision – ein neuer Ansatz für Beratung und Selbstmanagement. *Pädagogik*, 6, 20–23.

Wagner, A. C., Iwers-Stelljes, T. A., Oerding, J. & Paulsen, I. (2012). Mentale Blockaden der Aufstiegskompetenz von Frauen. Konzeptionelle Grundlagen und Ergebnisse eines Forschungsprojekts. *Gruppendynamik und Organisationsberatung*, 43(3), 245–268.

Stichwortverzeichnis

A

Alltagswachbewusstsein 29–30
Automatisches Eingreifen 72–74, 108, 143, 173
- Prozesse 109

B

Blitzintrovision 109, 156, 168, 172
Blockade 114, 116, 130, 137
- Mentale 41, 43, 74, 143–144, 158, 176

D

Dilemmata 123, 135

E

Eingreifen 70–72
- automatisches 48
Empfindungsfähigkeit 25
Entscheidungsdilemma 32, 49, 114
Entscheidungskonflikt 157
Epistemisch 69, 115
Epistemische Erkenntnis 116
Epistemisches System 69–70, 138, 144–145, 177
Erstes Eingreifen 73
Erstimperativ 160–161

F

Flow-Erleben 26–28, 63, 89, 121, 144
Fortgeschrittene 105

G

Gelassenheit 18, 22, 24–25, 33, 35, 48, 62, 79, 95, 113, 120, 124, 128, 132, 156

H

Handlungsfähigkeit 26–27, 118, 130, 144
Hineintragendes Eingreifen 70, 144

I

Imperativanalyse 40, 142, 149
Imperativbaum 135
Imperativ-Gegenimperativ 135
Imperativ-Gegenimperativ-Konflikt 122–123
Imperativkette 126, 133, 135, 137, 167
Imperativverletzungskonflikt 120, 128
Imperieren 147
Introvision 20, 37, 50, 81, 85, 92, 121, 134, 178, 180–183
- Grundprinzip 77, 142

Stichwortverzeichnis

- Phasen 147–148, 151, 157–162, 164, 166–170
Introvisionsberatung/
-coaching 149, 151, 153, 161
Ist-Kognition 116

K

KAW-Übungen 82
Kernimperativ 73, 77, 133, 135, 160, 162, 167–168
Kognition 74, 176
Konflikt
- Akuter 21, 27, 31–32, 114, 119, 121, 127, 129–130, 132–133, 139, 142
- Art 121, 124
- Innerer 22, 38, 48, 115, 126, 144
- Kern 37, 40, 49, 92, 116, 139, 142–143, 147–148, 150–151, 156, 159–162, 164–169
Konfliktumgehungsstrategie 128, 130, 132–133, 139, 150, 169
Konstatieren 83, 88, 92, 94, 97, 150, 159, 167
Konstatierendes Aufmerksames Wahrnehmen (KAW) 41, 79, 111
- Fortgeschrittene 106, 108
- Integrierendes 109, 159
- Merkmale 83–85, 88
- Übungsprogramm 91–92, 94–95, 97–102, 106, 111
Konzentration 88

L

Langzeitforschungsprogramm 127

Langzeitforschungsprogramm 38–40, 42, 44–45, 47, 175
- zur mentalen Selbstregulation 127

M

Muss/Darf-Nicht-Selbstalarm 114–115, 117, 119–121, 127
Muss/Darf-Nicht-Syndrom 117, 130

N

Nachträgliches Lautes Denken 38, 127, 133, 158, 161–162, 164

P

Pakete packen 91, 151, 159
Psychotonus 33, 119, 122, 130, 138
Psychotonusskala 22, 26–32

S

Subjektive Imperative 40, 114–115, 117–118, 120–121, 127, 166
Subkognition 116, 142, 152, 156, 166, 169–170

T

Theorie der mentalen Introferenz 44, 48

U

Überschreiben 25, 48, 70, 146–147

Stichwortverzeichnis

Übung 159
Übungsprogramm 90

W

Weitstellen 50, 80, 82–83, 85, 94, 98–103, 106, 108, 143, 150–151, 159, 171–172, 175

Z

zur mentalen Selbstregulation 80

Jens-Uwe Martens/Julius Kuhl

Die Kunst der Selbstmotivierung

Neue Erkenntnisse der
Motivationsforschung
praktisch nutzen

6., aktual. Auflage 2020
222 Seiten mit 4 Abb. Kart.
€ 27,–
ISBN 978-3-17-036543-8

Dieses Buch beantwortet wichtigen Fragen der modernen Motivationspsychologie: Wie können wir erreichen, was wir uns vornehmen? Wie funktioniert Selbstmotivation und wie kann sie erlernt werden? Es werden Wege zur Entwicklung eines intelligenten Umgangs mit den Anforderungen des Alltags erklärt und zahlreiche Tipps zur Anwendung des neu erworbenen Wissens gegeben. Mit vielen praktischen Übungen im Anhang.

Die Bücher unseres Programms erscheinen
in der Regel **auch als E-Books!**
Leseproben und weitere Informationen: www.kohlhammer.de